活成一道光

吕翠峰 ◎ 著

中国铁道出版社有限公司
CHINA RAILWAY PUBLISHING HOUSE CO., LTD.

图书在版编目（CIP）数据

活成一道光 / 吕翠峰著. -- 北京：中国铁道出版社有限公司, 2024. 11. -- ISBN 978-7-113-31534-4

Ⅰ. C933

中国国家版本馆 CIP 数据核字第 2024MA8080 号

书　　名：活成一道光

HUO CHENG YI DAO GUANG

作　　者：吕翠峰

责任编辑：巨　凤　　　编辑部电话：(010)83545974
装帧设计：仙　境
责任校对：刘　畅
责任印制：赵星辰

出版发行：中国铁道出版社有限公司(100054，北京市西城区右安门西街8号)
印　　刷：河北宝昌佳彩印刷有限公司
版　　次：2024年11月第1版　2024年11月第1次印刷
开　　本：710 mm×1 000 mm　1/16　印张：14.75　字数：183 千
书　　号：ISBN 978-7-113-31534-4
定　　价：68.00 元

版权所有　侵权必究

凡购买铁道版图书，如有印制质量问题，请与本社读者服务部联系调换。电话：(010)51873174
打击盗版举报电话：(010)63549461

推荐序一

与翠峰相识已悄然跨越了十五个春秋。我们的关系,从最初的陌生,逐渐升温至无话不谈的闺蜜。今年,当我在撰写《柔韧领导:数智时代的六大领导力原则》时,得知她也在创作自己的作品。所以,即使我的行程被安排得满满当当,我也毫不犹豫地答应了为她这本新书写推荐序。

我希望通过七个印象来展现翠峰的七彩人生。

第一个印象:不怒自威的引领者。

那是2008年秋天的一个周五,在中欧国际工商学院的课堂上,我第一次见到翠峰。我对她印象非常深刻,因为她端坐在第一排右侧,目光锐利而深邃,透出一股不怒自威的气质,仿佛是一位法官在审视着我。

然而,翠峰在课堂上却出乎我意料地表现得非常正面和积极,不仅热烈地参与互动,还以自己的活力和智慧带动了整个班级的氛围,让我感觉她更像一位外交官,有着长袖善舞的特质。

第二个印象:温婉大气的牡丹花。

中欧国际工商学院,有一个自发组成的团队叫"九久班"。在参加了他们的青海湖团建以后,我逐渐和他们熟悉了起来。

"九久班"女性成员较多,每个人都如同一朵美丽的花,而翠峰是一朵具有独特魅力的牡丹花,温婉而大气,知性而优雅,自信而自如,展现出一种巾帼不让须眉的美,充满了生命的活力和张力。

第三个印象：女商人中的铁娘子。

我曾经和翠峰一起前往韩国的济州岛，见证她在一个重大合作谈判中的卓越表现。在谈判桌上，作为唯一的女性，她却能泰然自若，以雷厉风行的作风和刚柔并济的魅力，赢得了在场每一位男性的尊重。她是典型的"男人不防备、女人不排挤"的类型，无论是男性还是女性，都愿意靠近她。在竞争激烈的商业世界中，这样的特质无疑是她的一大优势。

第四个印象：真性情的善良女子。

在与翠峰相识的这些年里，我见证了她生命中的起伏与变迁。

在事业上，她和原股东分道扬镳。在关键时刻，她让出更大利益，独自承担起经营的重担，承受了很多前所未有的压力和挑战。这不仅仅是一种选择，更是她与生俱来的善解人意与豁达大度的体现。

在个人生活中，她对父亲的去世表现出的深情与哀伤，让我感受到她内心深处的脆弱与真挚，以及对亲情的珍视。而她的自我反思和快速成长，展现了她对生活的通透理解和勇敢追求自我的决心。

第五个印象：不断突破的自我超越者。

在我的印象中，翠峰不是喜欢运动的人，也不具备运动天赋。但是，在过去几年里，她以实际行动颠覆了我的认知。她不仅完成了半程马拉松，学习了太极和骑行，还去世界各地徒步，甚至参加了五次全国性赛艇比赛，并且取得了不错的成绩。

参加这些运动后，我看到她的精气神发生了巨大变化。不仅仅是身体上的改变，还有精神和心力上的突破。翠峰就是这样的勇敢者，走出舒适区，勇敢地去尝试新鲜的事物，全身心地投入到每一项挑战中。

第六个印象：重情重义的知心好友。

我是新加坡人，因为在中欧国际工商学院授课，所以经常留在中国，也因此认识了几位非常知心的好朋友，翠峰就是其中之一。

她能理解我在异国他乡的不易，总是在我需要帮助时，给予我润物细无声的支持，而且言出必行。这种"我在，我一直都在"的陪伴，给了我很大的安慰和安全感。

第七个印象：细腻感性的文艺女性。

在"九久班"的青海湖团建时，翠峰站在湖边，激情飞扬，出口成诗。她的即兴创作让在场的每一个人都感受到了她那不为人知的文学才华。我也看到了她的另一面——温柔细腻，具有超强洞察力和共情力的文艺女性。

在青海湖边，我带领大家做了一个游戏：参与者两两组队，相互凝视后，凭借直觉用一种物体来形容对方给予自己的感觉和评价。在分享环节中，翠峰说："刚才有个同学评价我像一道光，在不同的情境下呈现出不同的颜色，丰富而多彩。我认为他的描述非常准确。"

也许就是在那一刻，这个潜意识就逐渐深入她的内心，让她向光而生、追光而行，最终活成了一道光，一个善良感性中带着锋芒和深刻的多面综合体。

李秀娟
中欧国际工商学院米其林领导力和人力资源管理教席教授
2024 年 9 月 2 日于新加坡

推荐序二

一个午后,我收到翠峰的邀请,希望我为她即将出版的新书撰写一篇推荐序,我甚是喜悦,我们第一次见面的情形立刻鲜活地浮现在我的脑海中。

2019年,我参与了领教工坊学员入学前的面试工作,翠峰是其中一位候选人。听闻她有个外号叫"非洲女王",缘于她在非洲有好多分支机构,而她本人也频繁地穿梭于非洲各地,所以格外引人注目,这也让我对她充满了好奇和期待。

面试当天,翠峰如期而至。她身穿一套职业套装,优雅地坐在我的对面,淡定而沉着。对于我提出的几个问题,她的回答充满了自信和坚定,也流露出对创业的无限激情和深沉的热爱。当她讲述起创业路上的种种挑战时,却是云淡风轻,声音中没有一丝的沮丧或抱怨。这极大地感染了我,让我由衷地按下了录用的按钮,并让她进入我带领的小组。

我带领的小组成员,大多是加入时间很久的同学,他们彼此间早已建立了深厚的连接。翠峰的加入丝毫没有违和感,大家相处得非常和谐。在每一次的私董会上,她总是积极思考,勇于发言,并给出真诚而富有洞察力的建议,希望用自己的力量为同学们提供帮助。翠峰非常热爱学习,阅读量惊人。无论是我还是其他同学推荐的书籍,她都会毫不犹豫地购买并认真阅读。

翠峰小小的身体里隐藏着巨大的能量。她曾与我分享过她的病痛、焦虑和挑战,但更多的时候,我看到的是她的笑容、温暖和对生活的无尽热爱。记得有一次,我们在她的公司举办了一场私董会。面对同学们的灵魂拷问,翠峰当场流下了眼泪。但是,擦干眼泪以后,她依然如一朵耀眼的铿锵玫瑰。这正是她的人生智慧,也是支撑她一路创业闯关、打怪升级的内在支持系统。历经风雨,她依然能找到心中的那片绿水青山。

我遇见过很多创业者,他们每一位都有一段传奇般的故事,能书写成一本厚重的书籍,打开来,就是风光旖旎的大千世界。尽管每个人的成长故事各不相同,但是他们的经历无疑是人生中的宝藏。而这些宝藏般的经历和智慧,必将在岁月的深处闪闪发光、照耀四方。

女性创业者身上拥有许多男性创业者所不具备的"特异功能":既要维持家庭的幸福和美满,还要确保事业的成功和发展,同时还要不断地自我提升和完善。我常常想,这样的女性创业者或许都是有着三头六臂的一群人。翠峰就是其中优秀的代表。

听说翠峰仅用半年时间就完成十几万字的书稿时,我感到非常惊讶,但内心深处也相信她能够做到。在阅读完整本书后,我被她的创业故事深深吸引,也被她对人生的观察和思考深深感动着。字里行间都透露出她的通透、智慧,以及对于生命的深刻理解。因此,我坚信这些经历和思考能极大地激励更多的创业者和管理者。

孙振耀
领教工坊的联席创始人及领教商学堂的创始人
2024 年 8 月 22 日于上海

自序

徐波是我中欧国际工商学院的校友,同时也是杨国安教授的杨三角企业家联盟的同学。我们之间有个约定,那就是每年的年初都会共同回顾过去一年的成就与不足,并对新的一年进行展望。

2024年2月初的一个上午,徐波如约而至,来到我公司楼下的星巴克。我一进门,就看见他左手拿着手机,右手持笔在本子上记录着什么,神情专注。见到我后,他立刻热情地招呼我,并示意我坐下。他告诉我,他正在采访自己的父亲,因为他正计划写一本关于自我成长的书。

接着,他话题一转,对我说:"其实,你也可以写一本书,关于你的创业过程,比如在共建'一带一路'国家的国际化拓展经历,以及你这么多年的所思所想……"

他的建议犹如晨钟暮鼓,唤醒了我内心深处的写作欲望。成长至今,我经历过许多感动、感恩、喜悦和成功的时刻,也遭遇过不少挫折、焦虑、痛苦和失败。然而,我却一直让自己日复一日、年复一年地沉浸在创业的奔波劳碌中,没有时间也没有动力静下心来,将这些宝贵的经历和思考转化为文字。

拥有梦想仅仅是一个起点,只有付诸行动,才能让梦想照进现实。2024年春节过后,我决定正式开启写作之旅。正如我在创业路上所展现的一样,一旦确定了目标,我便会毫不犹豫地踏上征程,用坚定的步伐去丈量每一寸土地。

从2月到6月,整整五个月的时间里,我利用业余时间坚持不懈地写作。这是我创业20多年来,第一次用如此长的时间来梳理自己的经历和思绪。我

2 ▍活成一道光

仿佛穿越了时空,回到了曾经走过的那些日子。

我欣喜地看到一颗种子破土而出,逐渐发芽成长,最后绽放出智慧的花朵,结出丰硕的果实。这是一个逐渐清晰和丰满的过程,是一个对过往人生的梳理和总结的过程,更是一个"看见自我""沉淀自我"的过程。

2024年春天,杨国安教授邀请美国南卡罗莱纳大学国际商务系研究员郭振游教授来到杨三角企业家联盟参加活动并分享,他分享的题目是"找到你的人生使命"。在活动中,我也非常勇敢地上台分享了自己曾经与一场大病抗争的艰难经历,以及由此带来的重大转变和觉醒,另外我还谈到了自己正在写的这本书,希望通过文字,记录下自己的心路历程,传达活出自我的生活态度。

2024年4月,我和李秀娟教授在成都青城山下的六善酒店一起吃早餐,我随意地提起了自己正在写书。多年来,李教授一直见证着我的成长和变化,她毫不犹豫地对我说:"书名就叫《活成一道光》吧。"那一刻,我突然意识到,"光"不仅仅是自然界中可以普照万物、带来温暖的存在,更是一种指引、一种方向、一种力量。同时,"光"也象征着生命的丰富多彩,如同红橙黄绿蓝靛紫般丰富多彩,每一种色彩都有其独特的意义和价值。

在充满挑战和挫折的创业道路上,红色点燃了我无数梦想的火花,同时让我拥有坚忍不拔的毅力和永不放弃的精神;黄色鼓舞我冲破束缚,当面对未知的挑战和困境时,不再畏惧失败,敢于去尝试;绿色让我能够设身处地理解他人的处境和感受,消除误解和冲突,营造出一个包容和温暖的团队氛围;蓝色让我拥有关键合作的密码,助我创造出更加广阔的商业前景;靛蓝色让我能觉察到自己的情绪起伏、思维模式和行为习惯,感知内心细微的变化和需求;紫色让我拥有广阔的视野和深邃的洞察力;橙色让我在挫折中看到成长的机遇,让我以积极乐观的态度面对生活的起伏。

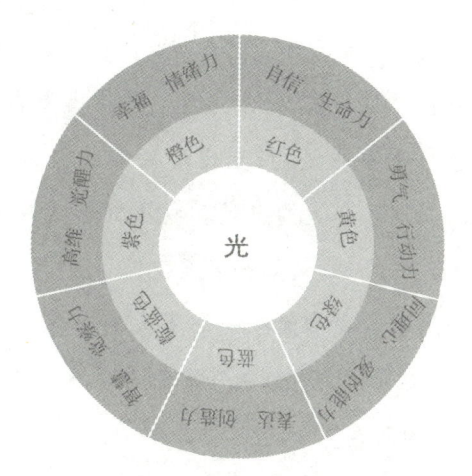

（图示：光轮，包含红色-自信 生命力、橙色-幸福 情绪力、黄色-勇气 行动力、绿色-包容 亲和力、蓝色-平静 觉察力、青色-关爱 构建力、紫色-智慧 思考力、紫红-高维 洞察力）

在人生的道路上，我们总会遇到那些像明灯一样指引我们前行的人。我要感谢杨国安教授和李秀娟教授，他们的智慧和见解，让我的思考和认知迭代升级。

感谢与我并肩作战的同事们，以及在事业中给予我支持的客户和供应商朋友们。他们是我事业上的贵人，见证了我一次又一次的成长、挑战和突破。我们彼此合作，共生共荣，共商共赢。

感谢我的朋友们，与他们一起度过的每一个悠闲的周末，都是对我的滋养，我满心欢喜。那是一种阅尽风景后的云淡风轻，也是一种不求回报的心甘情愿。虽然我们的年龄和经历各不相同，却一样有着对于生活的热爱和对于美好善良的执着。这是一个发着光的朋友圈，也是一个纯净而美好的磁场。

最要感谢的是我的家人。我很清楚地知道，自己能够走到今天，有我父母的呵护和支持，也有我弟弟妹妹的帮助和包容，更有我的先生和儿子的默默奉献。他们都是我人生路上的保护伞，也是我在风雨兼程后安静休养的港湾。

还要感谢我的资深写作教练陈韵棋，在写作过程中她始终陪伴着，帮助我一遍遍地打磨书稿。由于工作的原因，我常常半夜给她发内容，而她总能高效、及时地给我反馈。在这个过程中，我们的关系从陌生到熟悉，再到建立深厚的默契，这种感觉非常美好。

最后，我要感谢自己。一路走来，我深切地体会到，唯有自己，才能赋予自己更广阔的可能性，为自己创造更多的机遇。我凭借着自律与坚忍不拔的毅力，凭借着坚定的信念与不懈的坚持，凭借着持续的努力与不懈的奋争，数十年如一日地砥砺前行，成就了今天的自己。我不仅喜欢今天自己的容颜、气质和身材，更欣赏自己当下的思想、认知和智慧。

　　人生百年，如白驹过隙。我们活在一个宏大的时代里，也活在一个浩瀚的宇宙中。一个个体的存在太过渺小，一个人的力量太过微弱。好在我们也清醒地看到，你我同在，万物同在。

　　感恩一切的发生，感恩一切的经历。

吕翠峰

2024 年 7 月于上海

目录 MU LU

第1章 点燃创业梦想的火花 如红色般具有自信和生命力 ·············· **1**
 01 人生不可以将就 ·············· 2
 02 手中无剑,心中有胆 ·············· 9
 03 用热爱战胜恐惧 ·············· 16
 04 合作伙伴如何实现"1+1>2" ·············· 25

第2章 开启跨越山海的征程 如黄色般具有勇气和行动力 ·············· **30**
 01 远征者的考验 ·············· 31
 02 走进非洲的15年 ·············· 40
 03 取之于非洲,回馈于非洲 ·············· 44
 04 因为我是中国人 ·············· 50

第3章 融合团队文化的力量 如绿色般具有同理心和爱的能力 ·············· **62**
 01 有"将"来,才有将来 ·············· 63
 02 跨文化管理 ·············· 70
 03 用"爱"温暖人心 ·············· 75
 04 跨越肤色和地域的大爱 ·············· 81

第 4 章　达成关键合作的艺术　如蓝色般具有表达与创造力 ········· 88

 01　那些指引我前行的企业教练们 ·· 89
 02　与欧美股东合作的边界 ··· 102
 03　利他的背后是最好的利己 ·· 109
 04　走过茫茫戈壁，都是兄弟姐妹 ··· 115
 05　中国深度，全球广度 ·· 122

第 5 章　探索向内生长的美好　如靛蓝色般具有智慧和觉察力 ······· 130

 01　情绪来自认知 ·· 131
 02　突破自我，面向未来而生 ·· 137
 03　不带壳出行 ··· 145
 04　不期而遇的温暖 ·· 150
 05　生生不息的希望 ·· 155
 06　茶道与人生智慧 ·· 164

第 6 章　绽放女性领导的光芒　如紫色般具有高维和觉醒力 ········· 170

 01　活出自己，活出美好 ·· 171
 02　上善若水的秀娟教授 ·· 176
 03　悄然出现在生命中的 Dana ·· 181
 04　一路向前的非洲杰出女性 ·· 187

第 7 章　感受滋养生命的幸福　如橙色般具有幸福和情绪力 ········· 193

 01　沉淀在岁月中坚实而温暖的父爱 ·· 194
 02　共同探索生命意义的人生伴侣 ··· 200
 03　成为张弛有度的智慧父母 ·· 207
 04　创造家庭共同的美好回忆 ·· 214

第1章

点燃创业梦想的火花
如红色般具有自信和生命力

红色,一种奔放而热情的色彩,如同一团永不熄灭的火焰,点燃了我创业梦想的火花,象征着自信和生命力。

当我怀揣着坚定的信念迈出第一步时,那一抹红色便是内心自信的外显。我坚信自己的能力,坚定自己的选择,不惧前方的艰难险阻,勇往直前。

尽管创业之路充满了挑战和挫折,如同在黑暗中摸索前行,但是,强大的生命力让我拥有坚忍不拔的毅力和永不放弃的精神。无论遭遇多少次失败,我都能从跌倒处重新站起,继续前行。

红色的力量让我在竞争激烈的市场中脱颖而出,实现一个个看似不可能的想法,最终开辟出属于自己的一片天地。

01 人生不可以将就

2024年的春天,我前往天津参加一个行业颁奖活动,主办方授予我一份特别的荣誉——"2023中国航运名人榜·杰出民营企业家奖"。天津,这座我完成大学学业的地方,见证了我四年的青春岁月。尽管岁月流转,但我对它始终有着一种特殊的情感。

走进宴会大厅,在熙熙攘攘的人群中,我猛然发现了以前的合伙人。五年未见,尽管自己已经取得了很大的进步,但内心深处似乎还没完全放下曾经受到的伤害,毕竟我们曾经并肩奋斗了十八个春秋。那一刻,我想逃走,不愿面对他。

然而,最终我战胜了自己,选择了勇敢面对。我站定,微笑着与他握手。正如当年,我独自一人勇敢地踏上了创业之路,面对未知的挑战和困难从未退缩。那一刻,我仿佛又看到了创业初期那个满怀激情、勇往直前的自己。

▎年少不更事

人生如同一场未知的探险,在没有到达终点前,我们都无法预知将会遇见什么。高二时,我的学习成绩是全年级第一名。那时,我梦想着可以踏入中国人民大学的大门。然而,命运有时候就是这样捉弄人,那年,学校让高二学生也去参加高考。

由于仓促上阵,我自觉不能获得好成绩。父母从来没有念过大学,也无从指导我填报志愿。面对着海量的大学名单，我看上了"天津"这两个字（天子经过的渡口，多好的名字啊）！而且，我敬爱的周恩来总理就是在这个城市读的大学。于是，我就神使鬼差地在第一志愿上填报了天津商学院食品工程专业。

回学校拿录取通知书时，一位老师拉住了我，非常惋惜地说："吕翠峰，太可惜了，以你的实力，其实可以考入清华大学和北京大学的。"那一刻，我才发现自己太轻率了。但是，人生的选择，谁又能说哪个是最为正确的呢？

四年的光阴转瞬即逝。毕业后，年轻气盛的我放弃了在国营单位工作的机会，怀揣着对未来的无限憧憬，如愿进入一家外企——青岛泛亚食品有限公司。

这是一家总部设在泰国的食品公司，改革开放初期便抓住机遇进入了中国市场，建立了海产品加工工厂，产品出口到美国和加拿大。领导是泰国的华裔二代，每个月会过来工作一周左右。工厂规模不大，平日里由一位名叫天猜的泰国人负责管理。如今正在开拓海外市场的我，恰似当年泛亚食品的领导。时光流转，许多事情似乎在冥冥之中早已注定。

作为质检经理的助理，我的工作职责是监督管理一个车间的八名质检员。我的直属领导质检部经理，是一位身材不高、不苟言笑的女士，她对工作要求严苛，让我感觉压力巨大。心中的苦水，我只能写信给当时的男朋友（现在的丈夫）抱怨。他就经常从天津坐火车来青岛看我，每次他来，我就请假和他一起去游玩。

转眼到了冬天，公司突然接到大量盐水蛤蜊和盐水牡蛎的订单，以至于我们经常需要加班到凌晨。我穿着大大的雨靴，每天穿梭在车间里，还要抽空去包装车间和仓库进行检查和协调。一天下来，跑得腿都直了。

记得有一个星期，我们连续上了七天班，个个都疲惫不堪。有一天下班后，我终于有空给家里打个电话。接通电话的那一瞬间，我忍不住哭了起来，也许是娇小的身板根本顶不住如此高强度的工作吧。后来看到电视剧《繁花》里的汪小姐在仓库里拼搏的样子，我感慨于她强大的抗挫力。

如此高强度的工作也让八名质检员崩溃了，她们每天找各种理由请假。如果我不批准，她们就轮番上阵，用各种策略来对付我。这些质检员大多是土生土长的青岛人，有着多年的工作经验。当年的我，有一张娃娃脸，清纯可爱有余，老练能干不足。终于有一天，我也崩溃了，给男朋友写了一封长长的信诉苦。

接到信的当天，他就买了火车票来看我。于是我跟天猎先生说自己感冒了，需要请假一天。事情就是如此凑巧，当我和男朋友欢天喜地准备前往青岛栈桥游玩的路上，遇到了天猎先生！那一刻，简直是尴尬至极。几天后，我就被公司辞退了。职场的第一站，就这样匆忙地收场。

后来，我写了几篇反思日记。人生的第一站的确挺难，关键是我那颗没有认真对待工作的心，值得拿出来认真反思一番。当我开始创业后，我才深刻明白这样的行为对于领导来说意味着什么。

稻盛和夫先生在其著作《利他的经营哲学》中提到，企业经营中的"六项精进"之一，就是要"付出不亚于任何人的努力"。当我在20年后读到这句话时，心中涌起一种悔恨当初的心情。

自我的快速成长

对于仅工作了半年就离职的大学毕业生来说，在将近年关的时候想要重新找到一份工作，堪比登天。然而，创业以后，我百思不得其解的是，公司为什么在年底总是无法招聘到大学生。这个问题，显然值得深思。

那个春节，我在家里无所事事，内心充满羞愧和自责。曾经满怀自信地以为大学毕业后就可以帮家里分担重任，却因为自己不能吃苦和种种失误而陷入失业的窘境。我不肯原谅自己，夜里经常失眠，常常独自凝望着天花板，沉浸在无尽的反思中。

正月十五一过，我迫不及待地外出找工作。经过一番努力，我终于应聘进了一家做服装的外资企业，定于4月1日报到。然而，当我满心欢喜地前往公司报到时，却被告知他们已经找到了更合适的人选，只是忘记通知我了。垂头丧气走出服装公司大门的那一刻，我才恍然大悟那天是愚人节。

父亲以为我已经找到工作，便提前帮我安排，让我借住在朋友工厂的大学生员工宿舍里。三个人挤在一个狭小的房间，除了床以外，只能放一张桌子和几把椅子。为了不让父母担心，我决定隐瞒情况继续找工作，但没有结果。我沮丧地坐在床上反思，试图通过写日记来记录这一切。那一刻，我才真切地感受到，自己找到第一份工作是多么幸运，而再次找工作却是如此周折。

终于，在一个朋友的引荐下，我参加了山东省粮油进出口公司下属一个集装箱场站的面试。那是一个位于郊区的集装箱场站，需要换乘三次公交车，再走过堆满煤炭的火车轨道（耗时20分钟）才能到达。我在水龙头下把满脸的煤灰清洗干净后，坚定地走入了面试的会议室。

那是我第一次见到刘总，一位性格开朗、风度翩翩的男士，后来成了我生命中的一位贵人。我和刘总的交流非常顺畅，他马上就同意让我入职，这让我欣喜若狂。后来我想，那么遥远又艰苦的集装箱场站，可能会让很多女大学生望而却步吧。

"失去方知珍贵，得来不易尤为珍惜"。在接下来的工作中，我投入了极大的热情和努力，加班从不叫苦，甚至周末也主动加班，在机房录入集装箱的箱号和铅封号。

集装箱场站在海边，周末只有寥寥几个人，显得格外空旷和寂静。春天的海风呼啸着，拍打着机房的大门，偶尔发出尖厉的呼啸声扫过窗户，让人心生畏惧。我独自一人静静地工作着，大气不敢出，只希望能尽快完成工作回宿舍。

这段工作经历，对我无疑是一次重要的锤炼。它不仅提升了我的工作效率和质量，更重要的是，也锻炼了我面对工作时的心态和独处时的勇气，培养了我在逆境中保持坚忍的品质。

我的工作成果和能力很快得到了领导的认可与赞赏。半年后，领导就把我从集装箱场站调到了位于市区的市场部负责操作工作，包括单据制作、去船东处订舱位、安排进出口的报关、安排内陆拖车、安排货物进入青岛港区和客户确认提单、缮制提单以及对账和收款等。

尽管这些工作比较烦琐，但是我非常喜欢。为了提升自己的能力，我努力学习。很快，我就被提升为市场部副经理。更令人欣喜的是，我还赶上了国家政策的末班车，有幸分得一套虽不宽敞但舒适的两居室。我更加珍惜这个工作机会，不断激励自己向前迈进。

做自己的贵人

我的职业生涯实现进一步成长，是在山东省粮油进出口公司成立国际货运代理公司以后。这家新成立的国际货运代理公司不仅为省外贸粮油提供物流服务，还对外承揽业务，包括为船东提供订舱代理服务。我就是从这个时候开始认识并熟悉了地中海航运（MSC）的业务。

当时，MSC在中国的业务刚开始不久，我带领一个六人的小组，从欧洲线和澳洲线开始，后来开拓了美洲线。随着工作量的骤增，我每天的通话量堪比顶尖的话务员。有时候，三台电话同时响起，我还需要交替应付。从早晨8点到中午12点，其间甚至没有时间喝一口水或者上一趟洗手间。长期的高强度工作和不断的讲话，让我患上了比较严重的咽炎。

我们的努力不仅赢得了 MSC 的高度认可和满意，也为公司创造了可观的利润。公司在船东订舱代理业务的市场知名度越来越高，每个航次的货量也遥遥领先。对此，我心存感激，也很骄傲。我深刻地理解了，在职场上，只有自己才能给自己创造更多的可能性，自己才是自己最大的贵人。

随着公司规模的不断扩大，一些潜在的问题和弊端逐渐浮现，最终促使我决心寻求新的职业道路。于是，我去报考了公务员。笔试和面试顺利通过后，报考单位来到公司进行调研，我的离职计划被意外地公之于众，所有的领导和同事都得知了我准备离开的消息。

正当我准备离开公司时却犯难了，因为新岗位的基本工资低于我的预期。尽管部门领导多次劝说，试图让我接受这份工作，我最终还是拒绝了。然而，好面子的我已经无法留在原公司，干脆重新找了份新工作并迅速离开。就这样，我进入了一家外企在青岛的分公司，担任海运部副经理。这是一家不错的公司，人不多，却让我见识了一家正规外企的运营全过程。

由于海运部经理被临时借调到上海分公司，我还承担了部门的管理工作。然而，部门的员工都是老员工，没人愿意听从我这个空降领导的安排。那个时期，我的管理经验尚浅，常常使用强制的方式进行管理。然而，我很快发现，哪里有强制，哪里就有反抗。我的所有言行都在第一时间被传到千里之外的经理耳朵里。

两个月后，当经理返回青岛时，我感觉自己陷入了火坑。每天大量的会议和总结铺天盖地地朝我涌过来，压得我喘不过气，甚至有些工作是专门给我这个副经理量身定制的。

在那段时间里，因为工作的缘故，我逐渐和空运部副经理 Frank 以及市场拓展部经理 Albert 熟悉了起来。终于有一天，我不堪重负决定离开，与 Frank 和 Albert 商讨起创业计划。三个臭皮匠，顶个诸葛亮，更何况我们三个是聪明又勤奋的年轻人呢。

四个月后,我们组建了自己的公司——青岛思锐国际物流有限公司(以下简称思锐物流)。"思锐"的灵感来自"三"的英文发音"three"。为了体现我们出生在孔孟之乡的齐鲁大地,我们又给"思锐(three)"赋予了新的内涵:道生一,一生二,二生三,三生万物。我们期望"思锐"可以生生不息,不断发展壮大。

我的觉察和思考

年少时的轻狂,或许是一种珍贵的品质,它蕴含着改变世界的勇气和创新的精神。然而,我们必须将这种轻狂转化为知耻而后勇的动力,让未来的人生充满张力和魅力。

人生只有一次,不能将就,更不能挥霍无度。坚持自己的选择,勇敢追求自己的目标,为自己负责,为自己喝彩,这才是正确的人生态度。

正如我在成长过程中,经历了无数的挑战与挫折,但我从未选择妥协或安于现状,而是将其视为成长的机会。正是这些经历塑造了我,让我变得更加坚忍和果敢,成就了今天的自己。

02 手中无剑，心中有胆

2024年，我受邀作为嘉宾参加了第一财经频道的《中国经营者》一对一访谈栏目。访谈结束后，主持人陪我走到电视台大门口，感慨地说："在和您见面之前，我一直以为敢于去非洲闯荡的人，一定是身材强壮、性格彪悍的女士。没想到您如此优雅美丽。更让我惊讶的是，在一个上午的访谈中，您竟然如此云淡风轻地描述了创业的艰难，让我好生佩服。我想，您在创业过程中一定经历了很多难以想象的挑战。"

《中国经营者》录制现场

的确如此。从 0 到 1 的创业过程是最为艰难的。因为没有足够的资金，没有优秀的人才，没有良好的口碑，更没有强大的背景，所以在与客户谈判的过程中，我们没有主动选择的机会，只有被动接受。我们唯一能做的就是保持一颗不甘平庸的心，一股不屈不挠的狠劲和一份乐观上进的精神。多年以后，我才逐渐明白，这些正是我们能"心想事成"的底气。

创业至今，已经悄然走过了 21 个春秋。在这 21 年的风雨兼程中，我和企业获得了众多荣誉。比如，企业被授予"上海专精特新企业"和"中国高新技术企业"的荣誉称号；我个人也被评为"上海虹口区领军人物""改革开放 40 年 物流 40 人""上海民建优秀企业家"，并担任中非民间商会的副会长。

对于这些荣誉，我保持低调的态度，因为它们只代表了过去。除了这些荣誉，我更想用这句话来形容我的过去：手中无剑，心中有胆——怀揣一颗滚烫的心，洋溢着信仰和热爱，勇敢前行。

青岛港的第一条滚装船

创业初期，思锐物流的业务主要集中在普通的海运和空运领域。我们的客户多是大型央企和国企，比如山东的青岛海信、青岛海尔等知名企业。

2007 年以前，"出海"还是一个相对早期的概念，但我敏锐地捕捉到，这是一股滚滚而来的洪流，势不可挡。正是在这一时期，我们与位于济南的中国重型汽车集团建立了合作关系，成了滚装船船东的大客户之一。第一次的合作，让我们在青岛港创下了一个历史性的时刻。

当时，中国重汽集团正在紧锣密鼓地开拓国际市场，计划将他们的重卡汽车出口到非洲国家以及中东国家。他们首次需要将近 300 辆重型卡车一次性运输到海外。如此规模的运输，需要整条滚装船进行装载。这就意味着，空船需要靠泊青岛港，然后进行整条滚装船的装船作业。然而，青岛港从未靠泊过如此巨大的滚装船。

为了顺利作业，青岛港的管理层迅速行动，立即安排了前沿港区的深挖工作。经过连续三夜的紧张施工后，最终确保这条大滚装船可以在第一时间靠岸。得益于青岛港的大力支持，那一年，我们成功为中国重汽集团出口运输了8 000多辆重型卡车。

那时，我们创业还没几年，却有幸见证了青岛港领导雷厉风行的魄力和魅力，给我上了生动的一课——在关键的决策前，领导者应该拥有坚定的态度和果断的执行力。那次经历极大地启发了我，在面对重大机会时，也应该展示出更好的思考方式和行动魄力。比如，勇敢地开启海内外全程端到端的跨境运输物流服务。

第一个海外工程物流

一次偶然的机会，我们遇到了第一个完整的海外工程物流项目——来自宝钢集团有限公司（以下简称宝钢集团），项目地点位于非洲大陆西南部的纳米比亚。

面对这个项目，我们做了非常充分的准备工作。在遇到从未接触过的方案选择时，我鼓起勇气向一位在央企工作的朋友请教。通过不懈努力，我们逐渐完善了方案和报价。在这个过程中，我们不仅建立了对这种项目物流的认知，也逐渐明晰了企业的发展方向和蓝图。

在项目确定的最后关头，我们需要与宝钢集团的客户——蒂森克虏伯进行一次关键的交流。这次交流，其实是确定最终物流总承包方的关键环节。我们的竞争对手，是几家实力雄厚的央企物流公司，以及一些总部在欧洲的跨国公司的子公司。

蒂森克虏伯旗下的伯利休斯的项目经理亲自带队，从德国飞抵上海。也许是初生牛犊不怕虎，凭借之前与中国重汽集团合作的非洲卡车运输经验，我在德国客户面前侃侃而谈，非常自信地展示了我们的专业能力和服务承诺。最终，我们成功获得了第一个完整的总承包工程的全程物流合同。至今我也不知道具体是哪一个细节打动了他们。

当第一批次 5 000 立方米的件杂货物安全运输到工地现场时，我那颗悬着的心终于安定了下来。回想整个过程，"手中无剑，心中有胆"这八个字涌上心头。因为那是思锐物流第一次运营如此大型而复杂的全程端到端的跨境运输项目，不仅包括标准集装箱运输的货物和非标准的件杂货物，还包括工程建设物资、工人生活物资、流水线各种设备和辅助材料等。

在运输过程中，我们需要提前考虑各个环节，包括货物的清关、仓储管理、捆绑加固、吊装上船、海外目的港的选择、目的港的卸船仓储、清关、海外内陆运输，甚至个别设备的工地安装，以及项目结束后需要回运设备的临时进出口办理，等等。每一个步骤都需要精确地计划和协调。

项目进展到 70% 的时候，我去了纳米比亚的现场。那是一次充满挑战的行程。我从上海出发，飞往北京后直飞南非，再从南非转机飞往纳米比亚首都温得和克。抵达后，第二天我继续飞往鲸湾港。在鲸湾港，我租用了一辆当地人的轿车，经过八个小时的颠簸才到达项目现场。这八个小时的车程中，大部分时间都是在荒无人烟的沙漠或者戈壁上行驶。一路上，我甚至都不敢喝水，因为无法找到洗手间。后来，当我们在世界各地，尤其是承接过"一带一路"建设的大量工程物流项目后，我才赫然发现，我的第一次非洲之旅其实还是非常顺利和舒适的。

在项目现场，我停留了三天。其中两天，我都睡在用彩钢瓦搭建的临时宿舍里。宿舍里没有洗手间，也没有排水系统。男女共用一楼的通用淋浴房，洗澡需要排队，更需要效率。当我早上7点起床时，发现临时搭建的食堂里只剩下了馒头、咸菜和白开水，连鸡蛋都没有了。原来，由于当地炎热的气候，当地人通常在早上4点就开始一天的工作。

好不容易熬到了中午，工作人员给我端来了一个大陶瓷缸，像极了我父亲早年在部队用的陶瓷杯。缸里混合了肉丸子、白萝卜和米饭，我有点难以下咽。后来，听说了同事刚来项目工地时的伙食情况，我才意识到自己享用的午餐已经是非常奢侈的套餐了。

那次经历让我非常深刻地体验了工地生活的艰辛，也让我更加深刻地了解了中国工程企业走向海外初期所面临的挑战和艰苦。我更加坚定了思锐物流要与他们同甘共苦、共同建设海外市场的决心。

商业谈判中的自信

在商业环境中，谈判是一项至关重要的能力。它不仅考验个人的智慧，还考验个人的胆量。特别是在与海外客户的交流中，还会受限于非母语的表达能力。尽管我在大学时通过了英语六级考试，但那也只是证明了我具备阅读和写作的能力，并不能保证我能进行流利的对话。实践出真知，每一次的谈判过程，都是一次锤炼。多年后，我终于练就了一身的胆量，变得更从容和自信，并因此赢得了更多的机会。

创业之前，我的工作主要是通过邮件与海外合作伙伴沟通。记得有一次，因为事情紧急，我不得不通过电话进行沟通。我先用英语写好草稿，然后再忐忑不安地拨通电话。当时我心里想着，如果英语说不好，就请总经理帮忙解决。

然而，创业之后，我再也没有了依靠，只能自食其力，想尽办法让沟通变得顺利并取得结果。我最终发现，只有自己才是自己的靠山。

2005年春天，我第一次和Frank到美国出差。长时间的飞行让我感到头昏脑涨。上了出租车后，听着司机流利的美式英语，我顿时头脑一片空白。在洛杉矶酒店吃早餐时，我连点一杯咖啡都结结巴巴的。服务生很认真地看着我说："女士，您是日本人吧？看您的穿着，应该是。"我哑然失笑，想认真回应却无法说出口。那一刻，我羞愧难当，下定决心一定要好好掌握这个语言工具。

虽然我自认为学习能力很强，觉得没有什么可以阻挡我前行，但只有在真正的实践中，我才发现自己的渺小，才更加坚定让自己变得越来越强大的决心。2006年，我第一次去印度与印度瑞来斯实业公司（Reliance Industries Limited，以下简称瑞来斯）谈判索要超期应收账款。那是一次非常重要的谈判，会议室很大，客户方有九个人，而我们只有五个人。整个谈判过程中，只有瑞来斯负责供应链管理的副总裁和我进行一对一的对话，其他人都沉默不语。我根本无法适应副总裁带有浓重印度北部口音的英语和语速，几乎要崩溃。每当他快速讲完一长段话之后，我依然不明就里，只能用重复和反问的方式来请他再次确认。我非常紧张，看着他点头时想说"no"，摇头时想说"yes"。谈判结束后，我的后背已经完全湿透。

2007年，我前往印尼雅加达，与欧洲的合作伙伴KOG公司谈判在中国成立合资公司的股份比例事宜。当时，我也是紧张到冷汗直冒，但是对方却觉得我自信满满且强势无比。也许，那时候我的英语口语已经有了很大的进步，能够准确无误地表达自己的需求，同时在气势上也足以压倒那两位来自瑞士和美国的男士。这次谈判的成功，极大地增强了我的信心。

2013年，思锐物流和希杰大韩通运（以下简称CJL）成功达成了合资协议。签署协议后，我到韩国参加会议，晚宴时突然被邀请上台用英语谈谈对未来发展的规划。虽然毫无准备,但我尽力而为(不仅要充满激情和憧憬,还要考虑英语的表达习惯)。在15分钟的演讲中,我流利且充满感染力的表达,赢得了现场所有人热烈的掌声,他们甚至认为我提前做了很充分的准备。我想,这是创业后多年来不断挑战和倒逼自己的结果,更多的是展现了一种自信的状态。

2019年,我有幸到非洲乌干达的Salim将军家里做客。我受到了热情的款待,将军用姜汁为我冲泡了当地的咖啡,还安排了两部军车和五名士兵护送我们到附近的咖啡种植园参观。他用"授人以鱼不如授人以渔"的谚语来表达"希望我们能在乌干达成功开展咖啡事业"的愿望。在我离开前,将军很开心地与我拍照留念,并对我的英语交流能力给予了高度评价。的确,这次与将军的交流是轻松愉快的,没有一丝的紧张感,我也能真实地表达内心的情感。

至此,我才真正觉得,我的对外交流和谈判技能可以毕业了。

▎我的觉察和思考

创业不仅仅是一个从无到有的过程,更是一个在有限中创造无限的过程。在这个过程中,我经历过迷茫和焦虑,体验过痛苦和快乐,遭遇过失败,也品尝过成功的滋味,还有过艰难险阻和一往无前的决心。在无数次的跌倒和爬起中,我度过了很多个不眠之夜,尝尽了汗水和泪水的滋味。

接踵而至的挑战,如同一场场暴风骤雨,猛烈地冲击着我的心灵,让我背负着沉重的责任和梦想艰难前行。但是,无论前路如何变幻莫测,我从未放弃过。在最为艰难的时刻,我依然坚信未来的美好;在最为痛苦的时刻,我依然锤炼自己的意志。我深知这是一段充满荣耀与辉煌的征途,而只有那些勇敢无畏、执着追求、相信未来的人,才能真正领略到其中的壮丽和伟大。用热爱扬帆,与梦想对话,坚持到底,让岁月见证花开的时刻。

03　用热爱战胜恐惧

2023 年，我有幸参加了 CCTV《信用中国》访谈栏目，与知名的董倩老师进行了一对一的深入对话。在认真聆听了我对公司业务的详细介绍后，董倩老师提出了一个引人深思的问题："是什么力量，让一位看起来并不强壮和高大的女士，能够多年如一日地坚持从事如此庞大且复杂的货物跨境运输业务呢？"

我回答道，"是热爱和成就感"。因为热爱这份事业，所以路途的遥远不会让我感到焦虑；因为热爱，所以即使面对艰难的挑战，我也不会感到恐惧。

▎国际业务上的第一堂课

2006 年，一个偶然的机会促成了思锐物流上海分公司与印度瑞来斯供应链采购团队的相识，也开启了我们与他们通信项目运输的合作之旅。

在与瑞来斯正式建立合作关系之前，青岛分公司已有过运输印度货物的经验，对印度客户的商业头脑和谈判风格有着深刻的印象。其中有一次，我们承接了青岛 H 公司发往印度电信运营商 A 公司的定制电话机运输业务，共涉及 13 个 12 米的集装箱。

然而，当集装箱运输到斯里兰卡科伦坡时，印度客户却提出了降价的要求，这令 H 公司非常不满。他们要求我们扣留货物在科伦坡中转港口，并派人飞往印度进行谈判。这场谈判过程异常艰难，由于电话机是定制的，上面印有印度客户的标志，运回中国也无法销售，只能卖给印度客户，这使得 H 公司在谈判中处于被动地位，谈判因此持续了 100 多天。

在此期间，我们与科伦坡港口保持了紧密的联系，经历了几次准备上二程船又被迫撤回订舱的情况。最紧急的一次是，为了赶上第二天的船舶，我们当天晚上需要联系港口的三位大领导获得签字给予放行。这些紧急操作对我们的团队来说是一个极大的考验，但同时也提升了我们在危机管理、沟通协调和问题解决等各方面的能力。

在运营瑞来斯的业务之前，我们对印度客户的认知可谓深刻。然而，即便如此，我们最终还是遭遇了挑战。项目全部结束后，印度客户以各种理由扣押了我们一百多万元人民币的运费不肯支付。那时正值创业初期，一百多万元对我们来说是个巨大的数字。我非常着急，迅速组织团队一起飞往印度解决问题。

进入瑞来斯那漂亮的办公园区，12 座大楼井然有序地映入眼帘，每座大楼都以 A、B、C、D 等字母作为标识。在第一座大楼的墙上，有一行醒目的大字，那是他们创始人的话语："Think big, Think fast, Think ahead（想得大，想得快，想得超前）"。我当时就在心中暗自思量："的确如此，不仅在 H 公司的业务上，如今在我们的国际物流业务上，他们也是想得快、想得超前啊。"这句话，我一直铭记于心。

为了追回那一百多万元，我前后三次飞往印度，也三次拜访了瑞来斯公司，但遗憾的是，我始终没能赢得谈判，最终不得不把这笔钱作为额外的"馈赠"拱手让给了他们。

2018 年，杨国安教授带领"杨三角"的一群同学到印度考察市场。其间，我们特别邀请了山东电建三公司的印度负责人来分享他们在印度的奋斗历程。他生动地描述了与印度人谈判三天三夜不睡觉的场景，谈判结束后的那个清晨，他们只是简单地洗了把脸，便再次飞往另外一个城市出差。这种高强度的工作节奏和坚忍不拔的精神状态，最终深深地打动了印度人，谈判也因此大获成功。

那一刻，我才恍然大悟，也许只有从精神上才能真正打垮对手吧。

▎俄罗斯项目中，大雨的神助攻

在思锐物流的国际跨境运输业务中，每一次任务都伴随着巨大的不确定性，使我们时刻感受到如剑悬头上的紧迫感和压迫感。

2011年，我们承接了俄罗斯的一个重要项目。在重大件货物的运输环节，由于工厂交货延迟，导致我们的货物抵达俄罗斯港口后无法及时靠岸，只能在锚地等待。这是中国远洋运输有限公司（以下简称COSCO）的"大翠云"号首次下水。作为这条船的首航，COSCO对其寄予了厚望，但遗憾的是，抵达俄罗斯后，它却被困在了锚地，无法动弹。那段时间，我们每个人都焦急万分，而COSCO更是每天通过法务部门给我们发邮件施加压力。为了尽快解决问题，我们派遣了一位副总经理前往俄罗斯现场进行协调。由于出租车不能进入港区，他不得不从港区的大门口步行到码头前沿（距离非常远）。而我，则需要在中国远程办公，时刻关注着每一天的进展。

经过28天的漫长等待和全力协调后，"大翠云"号终于得以靠泊卸货。我们的副总经理与俄罗斯合作伙伴都欢欣鼓舞。工作完毕后，他们选择去喝酒庆祝。然而，也许是长期高压工作状态导致的疲惫，或是酒精的作用，副总经理在饭后沿海边散步时竟不慎栽进了海里。幸运的是，现场人员反应迅速，立即采取了救援行动，将他从海中救起，避免了一场悲剧的发生。

然而，波折并未就此结束，随后的俄罗斯当地运输也是充满了挑战。由于货物重大且距离工地遥远，我们采用了伏尔加河内河运输与陆上运输相结合的方式。不幸的是，由于国际海船靠泊晚了近一个月，导致在内河运输时恰逢枯水期。四件最重的货物被装上了同一条内河驳船，但不久后就深深陷入了河底的泥沙中。

当时负责现场协调的副总经理已经回国，接替他的是一位年轻员工（现任副总经理）。他迅速与当地合作伙伴协商，租用了拖轮尝试将驳船拖出，但驳船陷得太深，多次尝试均告失败。第二天，他们启用了挖沙船，但同样没有效果。第三天，我与这位年轻员工进行了远程会议讨论解决方案。他告诉我："根据天气预报，近期可能会有大雨，希望大雨能让驳船上浮。第四天，尽管下起了大雨，但驳船丝毫没有上浮的迹象。"我们继续开会讨论，他又说："当地人认为如果持续再下两天雨，驳船肯定可以浮起来。"我当时真的有些无奈，只能告诉他，我们一起真诚祈祷吧。

也许是我们的努力和真诚感动了上天。在连续三天的大雨后，驳船终于上浮了，随后的环节异常顺利。有时候，努力固然重要，但外在的助力也同样不可或缺。

尼日利亚项目中，惊心动魄的时刻

2015 年，我们承接了 B 公司从中国至非洲尼日利亚的 15 条油驳船的运输项目。这个项目异常艰巨，团队中的每个人都付出了极大的努力。

每条油驳船的容量高达 1 万立方米，总计达到 15 万立方米。面对如此庞大的货量，我们自身的自航式甲板驳船（self propelled barge，简称 SPB 驳船）无法满足需求，必须使用半潜船来完成。然而，对于半潜船，我当时仅有所耳闻，从未亲眼见过，更不用说运营了。我无法预估其中的风险，但凭借着"逢山开路、遇水搭桥"的开创精神，我们毅然决定勇往直前。

我们没有过多地考虑项目的难度，而是迅速投入紧张而有序的工作中。我们与欧洲半潜船的船东进行了初步的价格谈判，并随后开展了一系列的技术与商务工作，包括道路勘测、码头评估、制定捆绑加固方案、保险方案评估、加固支架和原材料的购买谈判，以及制定目的港的解绑方案等。经过一系列的会议和筹备，前期的准备工作基本就绪，我们终于迎来了船舶进入客户造船厂港池的时刻。

然而，一系列意想不到的问题接踵而至。凌晨两点，我接到项目经理的电话，他无力地告诉我："客户前期提供的水文数据有误，当前的天气条件下，船舶根本无法稳定停靠。所以，我们需要挖泥船进行港池清淤和挖深，并从新加坡进口四个大吸力锚进行固定。但这两项措施需要巨额费用，是我们之前根本没有考虑在内的额外支出。"听到这个消息，我真的是欲哭无泪！

当我们完成了挖泥清淤工作，并紧急从新加坡进口了四个大吸力锚之后，新的问题又出现了。用半潜船运输这样的重大件货物，B公司的客户指定只能使用全球知名的四大保险公司之一进行承保。这几家保险公司要求我们必须提供完整、清晰的来自船东和我们的全程方案。偏偏这条半潜船属于欧洲船东，他们非常较真和苛刻。我已经不记得为此开了多少次方案沟通会议，只记得我有时被迫参加会议。其谈判过程也非常艰难，一方面需要用英语进行交流，另一方面还要面对自己并不熟悉的半潜船运输领域。此外，船舶在锚地等待期间已经开始计算滞期费，每天高达七万美金。也就是说，每延迟一天，就相当于我们被迫往黄浦江里扔一辆高级轿车。我们心疼不已，却也无可奈何。真的是"屋漏偏逢连夜雨，船迟又遇打头风"。

最终，团队克服了重重困难，取得了胜利。这个过程之艰难，无法用言语表达。这个项目的经验，让我们在后续的重大件运输过程中，无论面对多大的困难和风险，都能一笑而过，沉稳应对。比如，2016年我们承接了新加坡吉宝公司的钻井平台运输项目，单件货物重达5 400吨，高度相当于几层楼，甚至需要使用无人机进行航空拍摄。有了之前的经验积累，那次的运输竟然异常顺利。

最大的底气来自团队的力量

在与"一带一路"合作伙伴的紧密合作中,我们汲取了宝贵的智慧,这些智慧已经深深融入我们的血脉,成为我们国际化发展历程中的重要基因,也为我们不断开拓海外市场提供了坚实的支撑。而我最大的信心来源,正是我们团队的力量。

2016 年,我们承接了南美洲玻利维亚的一个大型水泥厂的总承包工程物流项目,负责全程运输。考虑到玻利维亚是一个位于安第斯山脉的高原国家,我们提前勘测了多条线路,以便最终确定是从智利的阿瑞卡港口上岸,还是从阿根廷上岸。

在勘测过程中,有一位同事陪同客户沿着蜿蜒的安第斯山脉一路向上,进行道路勘测。沿途尽是荒凉的山野和崎岖的地形,晚上他们住的是由集装箱铁皮制成的小屋,外墙上用黑色的油漆歪歪斜斜地写着"Hotel"。更糟糕的是,到了海拔 4 000 米以上的地区,严重的高原反应让大家无法入睡,也不敢入睡。

成功中标后,真正的挑战才开始。因为沿途大多是盘山转弯路,部分弯道角度甚至达到 270 度,大件货物要顺利通过非常困难。负责押送货物的是另一位同事。一路上,他只能和当地的司机一起吃住在车上,一天两顿,几乎都是压缩饼干和矿泉水。经历了长达 59 天的艰难跋涉后,货物终于安全抵达项目工地现场。而他由于长时间的艰苦生活和高强度的工作,整个人瘦了一圈。

另一个项目同样困难重重,最终还让公司损失了一名得力干将。

2017 年,我们承接了 T 集团的某大桥项目,负责运输跨海大桥上的钢箱梁。当时,我们已经有了自己的 SPB 驳船。经过千辛万苦,我们把所有货物装船完毕,驶向挪威的目的港。然而,客户却提出需要租用我们的船 20 天左右,因为钢箱梁需要在目的港的海面上直接起吊安装到跨海大桥上，使用 SPB 驳船最为稳妥。同时，他们还要求我们派一名专业人士去挪威进行现场指导。

虽然时间尚可接受，但我们还是派出了非常专业的宫船长前往。然而，结果却出乎意料，这条船在挪威整整停留了 3 个月。原因是挪威人严谨的精神，海上稍微有点风就不允许起吊作业。我们的 SPB 驳船以及船上的货物、船员和宫船长，只能无奈地在船上等待。

宫船长回国后，就到医院做了眼睛手术，也许是着急上火的原因。在海上，每日面对茫茫的大海，过着漫长而无聊的生活，而且远在异国他乡，一个人的精神很容易被摧毁，最终在身体上呈现出来。更遗憾的是，这次经历之后，宫船长选择了离职。

一个企业的成长，恰似一个人的成长，需要经过很多的学习、舍弃、更新、升级、沉淀、反思，然后才能继续稳步向前。

2023 年 4 月 10 日，是一个值得纪念的日子。在万华化学（蓬莱）产业园，由思锐物流承运的"全球之最"的化工 PP 塔（丙烷丙烯分离塔）顺利运到目的港。这个全长 138 米、重 2 500 吨的大家伙，的确让我们油气化工事业部和重大件技术中心的伙伴们费尽心力。完成这一壮举的时刻，我们所有人心中都充满了自豪与成就感。这个巨大的化工冶炼设备，给团队带来了许多第一次的体验。

为了确保安全地运输，我们需要提前对蓬莱港口到化工园区的道路进行详细勘测，然后根据实际情况对道路进行整改，或者在道路上铺设相应强度的承重钢板。有些地方甚至需要对沿途的房屋进行临时移动。在港区，如此重大的设备行走还需要提前进行道路规划。

在宁波的制造工厂，我们也面临巨大的困难。首先是船舶的选择。由于工厂的码头不符合停靠大船的要求，我们不得不反复斟酌选择最适合的驳船。其次，还需要与海事局进行多次的沟通，以取得船舶靠泊许可。

在这个过程中，船舶的方案一再更改，与港务、海事、船东的会议一场接一场。即使我远在非洲出差，也时常接到客户的电话，还多次在海外和团队连线开会寻求最合适的解决方案。团队更是展现出强大的韧性和战斗力。在一切尘埃落定后，客户专门打电话给我表扬了他们，尤其是这个团队的领导者。这也给我们后续和客户的继续合作奠定了很好的基础。

2023年5月，我带队到匈牙利考察项目。我们需要去勘测匈牙利的三个码头，还要到周边国家罗马尼亚和斯洛伐克考察重大件码头。连续四天，我们每天驱车300~400千米，从早晨7点出发，直到晚上七八点才入住酒店。几天下来，每个人都非常疲惫。但是，这就是我们的工作，必须全力以赴，给出最好的方案，确保万无一失。

我的底气和自信就是来自这样一个多元化、团结协作、适应力强、追求卓越的团队。我相信，只要团队成员齐心协力，就没有克服不了的困难，事业也一定能够取得更大的成功。

▎我的觉察和思考

在一次与李秀娟教授的交谈中，她问我："如果女性领导力被视作柔性的，宛如老子所言的'上善若水'，那么你认为自己更像什么呢？"那一刻，我回顾着自己的创业历程，一个词语自然而然地浮现在心头：河水。

二十多年的创业之路，充满了挑战与不确定性，它如同黄河一般，九曲十八弯，既有险滩和暗礁，也有分岔和交汇。这条路上，我经历了激流勇进，也体会了波澜不惊，更有几近干涸的艰难时刻，但最终都能奋力向前，奔向那片属于自己的星辰大海。

那些曾经意想不到的考验和挑战，对我来说都是生命的馈赠。就像一个战士需要经过各种战斗的磨砺才能获得珍贵的勋章一样，我也在创业的道路上奋力拼搏，并乐此不疲。我所经历的每一次考验、所体验的每一次成长、所达成的每一个目标，以及即将到达的里程碑，都是我人生中不可或缺的部分，是我成长的必经之路。

历经风雨，我更加淡然地看待得失，更加清晰地看见未来的广阔天地，也拥有了对于一切事物的包容和坚忍。回望过去，我的内心充满了平静。这恰如苏东坡的名句所言："回首向来萧瑟处，归去，也无风雨也无晴。"

未来，就在脚下。我无须担忧，因为我知道所有的路径都通向一个终点，那就是热爱，也是我最终追寻的星辰大海。

04 合作伙伴如何实现 "1+1>2"

创业初期，公司无疑会面临诸多挑战和困难，其中最为关键的是运营资金的问题。尤其对于一家轻资产运作的物流公司而言，从银行获得贷款支持几乎是不可能的任务。在那段举步维艰的时期，我深刻体会到了那句话的真谛——文钱难倒英雄汉。

幸运的是，我并非孤军奋战。我有志同道合的伙伴与我并肩作战。我们能够汇聚各自的优势，形成一股强大的合力。这种合作的力量，产生了"1+1>2"的倍增效应，推动着我们的事业持续发展。

三个臭皮匠，顶个诸葛亮

思锐物流的创始人有三位，是 Albert、Frank 和我。我们各自拥有不同领域的专业特长，因此分工也各有不同。

Albert，作为空运销售的资深人士，同时也对海运业务了如指掌。他在销售方面展现出了卓越的才能，并且具有创新精神。Frank 曾形象地描述他："往前一冲，浑身掉渣渣。"尽管他有时显得有些粗犷，但这恰恰反映了他不可遏制的激情和对事业的全身心投入。

Frank，则是一位经验丰富的空运运营专家。他的性格沉稳而内敛，温和而有礼，冷静而绅士。他不仅拥有流利的英文交流能力，更有着让人倍感温暖的人际关系处理能力，同事们都非常喜欢他。

我的专业在海运领域，对国际海运和铁路运输非常熟悉。得益于以前的工作积累，我在销售方面也越来越得心应手、炉火纯青。当面对棘手的客户时，我也能够用女性的细心和耐心去应对，最终赢得他们的理解与支持。

俗话说，"三个臭皮匠，顶个诸葛亮"。我和 Albert 在销售上都比较擅长，性格中难免会有差异，有时这些差异会导致冲突和争吵，甚至互不相让。此时，Frank 的作用就显得尤为重要。他总是像平衡器一样，用他温和而坚定的态度，平息我们的矛盾和争吵，最终让我们握手言和。我们三位年轻而充满激情的创业者组合，在我看来简直是天作之合。

作为初次创业者，我们没有客户资源积累，这意味着我们必须从零开始，一家又一家地亲自上门拜访。同时，公司的业务涵盖了国际空运、海运以及海外段的清关、仓储和内陆运输等多个环节，这就要求我们必须确保手机 24 小时开机，随时待命，以应对可能出现的各种紧急情况。有时候，即使是在深夜，一个紧急的电话就能把我们从温暖的被窝中唤醒，迅速起身坐到冰冷的书桌前，开始处理事务（尤其是空运的货物，一旦抵达海外，就必须紧急处理）。此外，在频繁出差的同时，我们还需要应对来自海外合作伙伴的各种运营问题。

根据研究发现，中国创业公司的平均寿命仅为 2.9 年。这意味着，前三年是充满艰难挑战的时期，也是对创业者耐心、决心和适应能力的关键考验。不出所料，我们公司也经历了这样的考验。三年后，我们的合伙人之一 Frank 发现自己难以继续承受如此艰苦的创业状态。经过长时间的思想斗争，他最终向我和 Albert 提出了退股申请。他表示，未来他只希望成为国际化大公司的职业经理人。尽管我们向他描绘了未来的愿景，但无法说服他重新考虑自己的决定。创业尚未成功，我们就失去了一位优秀的合作伙伴，心中充满了无限的惋惜和不舍。

多年后我才明白，人生的价值和幸福有很多标准，每个人都有权利选择自己认为正确的人生道路。平平淡淡是一种追求，而更快的自我成长、更强的心理内核、更高的精神世界同样也是一种追求。

第九座桥

前面我提到，思锐物流与希杰大韩通运（CJL）签订了合资协议。这原本并不在我们的创业计划之内，但仿佛是冥冥中注定的缘分。

CJL 自 2004 年进入中国以来，一直保持稳步的发展。为了迅速在全球范围内扩张，跻身全球物流行业的前五强，CJL 采取了收购、兼并以及合资合作等多种方式，在全球范围内寻找合适的合作伙伴。当他们通过中介公司找到我时，我确实感到有些意外，因为当时思锐物流刚好成立十年，还算是一个年轻的企业。也许，CJL 看重的是我们对海外市场的了解以及在人才本土化管理方面的经验。

谈判的过程相对顺利，我们双方都更多地着眼于未来的发展。在思维上，我们也有很多共同点。这种同频共振最终促成了我们的合作，极大地激发了团队的进取精神。在谈判过程中，我深刻感受到了国际化企业员工的职业素养和广阔的国际化视野。他们中，有的人英文讲得非常地道，有的人中文讲得无比流利。十年后的今天，当年参与谈判的员工都已经在希杰集团担任很高的职位。

合资不久后，我们在韩国济州岛召开董事会，会议地点选在希杰集团旗下的酒店 Nine Bridge（九桥酒店）。由于 Albert 无法参加，我便与韩方派来的 CFO 金总一同前往。走进会议室的那一刻，我被眼前的景象所震撼：九位西装革履的男士正襟危坐在长长的会议桌一侧，静静地等待着我的到来。

好在我的心理素质比较好，我从容不迫地汇报了业绩、陈述了工作，并淡定地应对了现场提出的各种问题。最终，大家都非常满意。会议结束后，金总对我竖起了大拇指。

Nine Bridge 酒店是一个全球排名前 100 的高尔夫球场酒店，以其美丽的山地高尔夫球场和舒适周到的服务而闻名。然而，我注意到，酒店内实际上只有八座桥，我不禁好奇，为什么酒店名为"九桥"呢？

晚餐时，我提出了这个问题。他们微笑着解释道，第九座桥在希杰集团与合作伙伴的心中。那一刻，我豁然开朗。同时，我也由衷地佩服希杰集团高层领导的智慧，他们应该是深刻理解了合作伙伴之间"1 + 1 > 2"的精髓吧。

我的觉察和思考

马化腾曾说过，自己的半条命都掌握在合作伙伴的手中。

合作伙伴，就像两个即将步入婚姻殿堂的人一样，许多利益都紧密地捆绑在一起，成为人生中不可分割的一部分。他们不仅要共同分享成功的喜悦，还要携手承担风险。

那些一起走过的旅程，无论是事业的低谷时期，还是欢呼的高光时刻；无论是拍案而起的争执，还是心有灵犀的默契，都融入了峥嵘岁月之中，成为此生一笔丰厚的财富。

小指南

初入职场时，我们心中怀揣着无数的想法和无畏的精神，然而，现实的棱角往往比想象中更为锋利。在 0～1 的创业过程中，每一步都像是在走钢丝，也许会遭遇失败、挫折和打击。在怀揣梦想的同时，我们更需磨砺出以下几个关键能力：

1. **坚定的自信和热爱**：坚定自信和保持对工作的热爱，因为热爱，才会投入更多的时间和精力去钻研和探索，在日复一日的工作中保持激情与活力。

2. **培养解决问题的能力**：遇到问题时，别急着说"我不会"或者"这不归我管"。问题往往意味着成长的机会，解决了问题，就得到了成长。

3. **注重人际关系和团队合作**：保持谦逊，积极接受同事和领导的建议，积极帮助别人，自己才能从中学习和成长。懂得与别人合作，才能形成一股强大的合力，共同克服艰难险阻。

4. **保持好奇心，持续学习**：学无止境。在漫长的职业生涯中，唯有积极学习新知识和技能，才能以不变应万变，在职场中保持竞争力。

5. **保持稳定的情绪**：情绪会影响我们的思维、判断，会导致出现不好的行为。在挑战面前，唯有保持清醒和冷静，方能分析和解决问题。

6. **志同道合**：双方拥有共同的目标和愿景，更在于双方在企业文化、核心价值观、发展理念等方面的深层次契合，保持高度的默契与协同，共同面对挑战，共享成功的喜悦。

第2章

开启跨越山海的征程
如黄色般具有勇气和行动力

黄色，一种充满活力与希望的色彩，它象征着勇气和行动力，犹如一盏璀璨的明灯，引领我踏上跨越山海的征程。

当面对未知的挑战和困境时，内心的恐惧往往会让我犹豫不决。然而，黄色所蕴含的勇气，如同一首激昂的战歌，鼓舞着我冲破束缚，敢于去尝试和探索，去追求那些看似遥不可及的目标。

黄色也是行动力的象征。只有付诸行动，用坚定的步伐去丈量每一寸土地，才能让梦想照进现实。无论前方是狂风骤雨还是一马平川，黄色的力量始终支撑着我奋勇向前，坚定地踏上跨越山海的征程。

01 远征者的考验

随着全球化的不断深入，出海已经成为中国企业的必选项，而非可选项。我见证了许多企业已经积极迈出国门，进行海外考察调研，或者不在筹划海外投资项目。基于在出海方面的丰富经验，我曾多次受邀前往大学和商学院进行演讲和分享。

2023年，我作为嘉宾之一受邀参加了第一财经频道《头脑风暴》节目的录制，该期节目的主题是"再出海：重新定义全球市场"。在节目现场，我和其他嘉宾共同探讨了出海过程中遇到的诸多挑战，并分享了出海的一些经验。

出海的不确定性和机遇

企业要实现可持续发展，就必须构建起全球化的商贸网络。然而，出海之路总是伴随着巨大的风险和不确定性。以往，除了战争和种族纷争外，我们考虑更多的是经济因素。但步入21世纪的今天，"安全"已成为出海过程中重中之重的考量，这包括政治安全、意识形态安全、健康安全、环境安全、技术安全、生态安全、金融安全等多个方面。例如，我们曾向非洲乌干达和坦桑尼亚的供应商支付了购买芝麻的首付款，却迟迟未能收到货物。再次询问后得知，他们已将资金挥霍一空，无法继续采购芝麻。即使我们寻求法律途径，也只能让他们短暂入狱几个月，他们出狱后便一身轻松，而我们却遭受了重大损失。

因此，出海之前，我们需要保持冷静和客观的态度，进行深入的分析和思考，做到谋定而后动。简单来说，就是不盲目追随领导或书本，而要以实际情况为依据。首先，我们需要提前了解目标国家的战略以及法律建设程度，这将决定中国企业在当地能够走到多远；其次，我们还要关注国家的发展情况。因为有些国家的基础设施非常落后，技术也不是很发达；有些国家的政党经常更替，存在很多内部或外部的纷争；还有些国家存在工会、教会以及非政府组织控制权和更替等复杂因素。这些对于中国的投资者来说，都是潜在的风险。

我们在尼泊尔就曾遭遇过类似的情况。

尼泊尔，这个坐落在喜马拉雅山脉脚下的国家，我早年间就曾听闻它被誉为全世界幸福指数最高的国家。我第一次踏上这片土地，是为了参加一次喜马拉雅小环线的徒步旅行，在博卡拉那雪山环绕的环境中，我深切地感受到了满满的幸福感。

再次抵达这个国家，是因为思锐物流承接了当地最大的水泥厂总承包工程的物流服务。由于这个项目完成得非常漂亮，于是，我们在尼泊尔成立了公司，也因此开创了尼泊尔工程物流的先河。当客户在当地投资的水泥厂准备正式投产点火举行仪式时，我再次受邀来到尼泊尔。

那次，我真正深入体验这个国家的日常工作和生活。我发现，在这里运营大型的海外工程物流，其难度真的堪比登上喜马拉雅的珠穆朗玛峰。虽说我们的优势就是"逢山开路、遇水搭桥"，但是，在这里，我们的驻外同事每天都在面临着艰巨的挑战。其中一个挑线就是，尼泊尔除了是一个内陆国家以外，其基础设施的破旧程度比我想象中还要严重。

有一次，我们从中国海上运输一个大件设备到印度东部的港口，然后，再由内陆卡车经过跨境运输，将其送达尼泊尔的工地现场。当运输车队历经艰辛，终于抵达距离工地只有10千米的地方时，天色已晚。出于安全考虑，当地司机决定暂停前行（前方是一座桥梁，过桥后便是一段崎岖不平、坑洼满布的土路），计划第二天一早再过桥继续前往目的地。

然而，天有不测之风云，就在当晚，一场特大暴雨来袭。第二天早上，当我们的驻外员工来到桥前时，发现暴雨已将这座本就年久失修的桥梁彻底冲垮，消失得无影无踪！面对那塌陷的大坑和湍急的河流，他忍不住泪流满面。

在突如其来的自然灾害和破旧不堪的基础设施面前，我们似乎只能束手无策。但是，除了积极应对，我们别无选择。于是，我们迅速召集各方力量，紧急制定出建桥方案。经过10天的努力，我们的货物终于顺利运输到了工地现场。

这样的突发事件和不确定性，只是我们在异国他乡所经历的冰山一角。但是，既然选择了远方，就只能坦然面对。在历经磨难之后，我们擦干眼泪，勇敢前行，告诉自己一切都是最好的安排。这些困难都是来锤炼我们的意志、提升我们的能力的，而我们必须想办法，通过自己的智慧来解决问题。

每当我们解决了一个又一个的困难，我们都会带着满满的成就感和价值感，与往事挥手道别。我们感谢这些经历，因为它们让我们迈入了一个更高级别的全新的旅程。

无剑胜有剑的利器：本土化

2021年，刘润老师在《进化的力量》一书中提及了南美洲的"达尔文雀"，这些雀在不同的岛屿上经历了各异的进化过程，最终都演化成了最适合当地环境的南美雀种类。而那些拒绝进化的雀，则最终成了历史书中的过往，或是悄无声息地湮灭在历史的长河中，未留下一丝痕迹。

我的二次创业，专注于芒果干和坚果的电商直播带货，这一举动引起了刘润老师的关注。他好奇地询问我"为何选择转型,是否因为非洲的生意变得难以维系"。

我解释道,并非如此。转型的动因,实则是那些在中国做生意的人难以想象的烦恼——并非安全问题,而是货币的困扰。举例来说,若你打算去非洲承接工程或销售手机,这无疑是可行的。但在行动之前,你需要深入了解这些国家,如尼日利亚、埃塞俄比亚、刚果(金)、莫桑比克、安哥拉等,是否拥有充足的外汇储备。换言之,就是你在这些国家赚取利润后,能否将这些本地货币通过银行兑换成美元并转回中国。

那么,如果这些国家外汇储备不足,我们又该如何应对呢?我们为同样面临此困扰的客户提供"物物交易"的服务。如果你卖手机所得无法兑换成美元,那么我们可以将其换成农产品,如芝麻、腰果、可可豆、咖啡、水果、花生等。随后,利用我们的运输优势,将这些农产品运回中国,并在中国市场销售,最终换成人民币。

所以,我们务必深入理解并接受当地的各种差异,然后融入其中。这种融入,就是我们所说的"本土化"。那么,何谓"本土化"呢?它意味着我们不应以本国的经验来推测全球情况,而是要尊重当地的人文、宗教、法律、语言、肤色、风俗等实际情况,然后因地制宜,制定出最适合当地的管理模式。

我们曾承接了一个位于印尼某岛屿的工厂工程物流项目。该项目的所有货物都需经过当地的一个小渔村才能送达工地。客户原以为,只需关注自己的核心事务,无须过多理会外部环境,所以并未妥善处理与小渔村的关系,这导致货物运输过程异常艰难。后来,我们投入了大量精力与村里的负责人沟通,争取他们的理解和支持,甚至为此承担了一定的费用。然而,项目完成后,客户仍未重视这一问题,最终不得不自行修建码头,改用海船运输来解决问题。

2024年,我在匈牙利考察项目时,得知一家公司原本计划在当地投资,并为此做了大量前期工作和费用投入。然而，由于该公司未充分考虑当地村镇、政府和竞争对手的利益，遭到了所有利益方的集体反对，最终导致投资项目失败。

我突然想起另一家中国知名企业在海外的发展策略。他们的高层告诉我，在海外发展时，他们有意将自己的品牌定位在当地市场的第二或第三名，而绝非第一名，以便为当地品牌留有一定的市场空间。这样，他们就能建立起良好的生态圈。对于刚出海、尚未站稳脚跟的中国企业而言，这是一个非常明智的选择。

正如传音手机，他们在当地创立了这个手机品牌，并逐渐发展壮大，最终深入非洲的每一个城镇和乡村。但他们从未高调行事，而是小心翼翼、循序渐进地发展，当地的非洲人甚至认为这是一个非洲本土的品牌。这就是一种深入本土化、扎根当地的能力。

不能忽视的文化差异

由于创业的需要，我经常独自去海外出差。面对文化的差异，我总会遇到各种挑战。这种跨越千山万水的远征，无疑是最能锻炼一个人的心性的。

我的首次特别的海外经历发生在意大利。那是 2009 年，我应意大利合作伙伴的邀请前往比萨参加他们的年度会议。我提前飞往罗马，在那里度过了一个充满文化气息的周末：参观了古罗马的斗兽场，游览了梵蒂冈，欣赏了壮丽的万神殿。然后，整个下午我都坐在罗马的街边，一边悠闲地品尝着薄薄的比萨饼，一边观赏着街上的车水马龙和人来人往。

周一，当我登上飞往比萨的飞机时，我发现整个航班上只有我一个亚洲人。在一群高鼻梁、大眼睛、肤白体壮的欧洲人中，我的肤色和身材格外显眼。飞机降落后，我抱着一个小纸箱走到出口时，被机场工作人员毫不犹豫地拦下，要求开箱检查。我跟他们解释，纸箱里装的是公司的宣传册以及带给客户的小礼物。然而，工作人员并未接受我的解释。作为亚洲女性，我对此感到非常生气，但是，我也无可奈何。

当机场工作人员开箱检查，确认箱内物品与我的描述相符后，只是简单地说道："你可以走了。"我并没有就此罢休，而是坚定地回应道："对不起，你们必须给我完好无缺地原样打包好。"

工作人员听后，递给我胶带，示意让我来打包。我站在原地不动，坚持要求他们为我打包。他们被我的坚决态度所震慑，只好顺从地帮我打包好箱子，然后向我表示歉意，并微笑祝福我在比萨的旅程愉快。尽管我孤身一人，但面对不合理的对待时，我绝不会默默屈服，这是对自己尊严的坚决维护。

会议结束后，我已经忘记了之前的不愉快的情绪，决定坐火车去佛罗伦萨进行一日游。佛罗伦萨是艺术的天堂，目之所及皆是经典而美好的艺术享受，无论是建筑、人文，还是满大街帅气十足的警察，都让人赏心悦目。

傍晚时分，我恋恋不舍地赶往机场，准备搭乘晚间的航班回罗马，再转乘国际航班回国。然而，当我到达机场的值机柜台时，却被告知机票有问题。由于机票是比萨的合作伙伴帮我预订的，出于对他们的充分信任，我从未想过要提前核对信息。当我看到机票预订单上赫然写着我的英文名字"Rossella Lyu"，而不是护照上的中文名字"Lyu Cuifeng"时，我差点晕倒在机场。我急忙给合作伙伴（70岁的意大利人）打电话，他听完后说："哦，我的天！"然后表示他也没有办法，让我找机场的主管解决。

事已至此，我马上去找机场主管沟通。沟通很久以后，她将我的机票上的名字手动更改为护照上的名字，我才得以顺利登机。值机柜台的姑娘还跟我说："下不为例。"我看了她一眼，在心里嘀咕了一句："我也希望如此。"

类似的事情也发生在秘鲁。那是我第二次飞往遥远的秘鲁,与一群中欧国际工商学院的校友去印加古道徒步。行程结束后,我们准备搭乘半夜的航班回国。然而,到了机场,我却被告知航班是明天的。我感到非常困惑,因为机票预订单上明明写着00:05。可是那个工作人员非常坚持,说航班就是明天的,而且今晚的航班座位已经满了,即便我是商务舱,也无法安排。

无奈之下,我挥手告别同行的校友们,然后在机场附近的酒店多留了一天。第二天晚上同一时间,我再次来到机场值机柜台。这一次,一位年轻的女士却告诉我:"您的这个航班是昨天晚上的。"我在秘鲁机场直接发飙,并和他们进行了长时间的争论。

沟通无果后,我联系了带我们徒步的导游,请她尽快赶到机场来帮我协助处理。那位能说一口流利西班牙语的姑娘(导游)到达机场后,与机场主管进行了长时间的沟通。不经意间我恰巧发现了前一天拒绝让我登机的小伙子,我让他做证这是他的工作失误,并要求他马上为我更改当晚可以乘坐的航班,否则我将起诉他们,因为他们的工作失误给我带来了损失。最终,他们为我更改了从洛杉矶中转回上海的航班。不过,从利马到洛杉矶这一段只能提供经济舱。

和导游告别时,她微笑着调侃我说:"吕总,您前几天还说要努力开拓国际业务,以更好地回报秘鲁当地的人民,现在看来,他们可是真诚地挽留您多待一天呢。"

不经历这些奇葩事件,我也无法深刻理解不同国度的风土人情,也无法深刻体验人世间的丰富多彩。跨境出差会遇到各种挑战,而我们在海外项目的运营过程中,也经常要经受身体和精神上的双重考验。

思锐物流在选择海外市场时,首先走进了非洲,随后才开拓东南亚市场。这一决策的背后,有一个重要的原因:我们在海外的第一站——印度,遭遇了重大的损失,以至于我们最终决定取消在印度设立办公室。而第一个被外派到印度的员工，也因为无法适应那里的卫生条件和极度闷热的气候，总是拉肚子，最终选择离职，结束了他在思锐物流的职业生涯。这个教训让我们深刻认识到，是否在东南亚设立当地公司，需要非常谨慎地思考。

然而，随着越来越多的客户进入印尼市场，2014 年，我们顺势在印尼也开设了公司，开启了属地化服务的模式。尽管因为签证的问题，印尼给我留下了一些不太愉快的经历，但我深知，这个地方的发展潜力是巨大的。

印尼是世界排名第四的人口大国，拥有近 3 亿人口；同时，它也是全世界最大的群岛国家，由约 17 500 个岛屿组成。在这里开启属地化服务，特别是物流服务，我们遇到很多意想不到的挑战。比如，在印尼出差就是一次"海陆空"全方位的综合体验——从首都雅加达到苏拉威西岛的青山工业园区，竟然需要 3 天时间（我们需要开车在陆地上行驶，乘坐飞机，还要进行海上航行）。这个时间，足够我从上海飞到南美洲了。

为了更好地服务客户并融入当地市场，我们必须尊重和适应当地的实际情况，更需要了解当地员工的行为习惯。为了增进与海外员工的联系和文化融合，我曾多次前往驻外办公室，和当地的员工一起共度元宵节和中秋节。虽然在异国他乡的节日庆祝可能远不如国内那么丰富多样，但我希望能通过这种方式，在精神上给予他们更多的人文关怀，让他们体验更深层次的文化融合。

▌我的觉察和思考

企业在海外拓展时，不能简单地保持"更高、更快、更强"的心态，而是需要更加注重长期规划，有效地整合当地资源，做个长期主义者。在选择当地的合作伙伴时，也需要像选择结婚对象一样严谨，不仅要考虑他们的能力，还要看他们的价值观和意愿，只有在此基础上，才能更长久地携手同行。

很多中国企业会选择跟随他们的高端客户一起走出国门，这也是一个非常明智的选择，因为这样可以避免前期很多不必要的出海风险。但是，企业也需要重视自己的本土化建设能力，只有这样，才能更好地成为高端客户供应链上不可或缺的一部分，也才能更好地在海外为高端客户提供属地化的专业赋能。

每个人的寻梦过程是以"新手的运气"为开端，最终都会面临"对远征者的考验"。正如那句古老的谚语："夜色之浓，莫过于黎明前的黑暗。"当最黑暗的时刻来临的时候，我们能否坚信这正是黎明前的黑暗，并坚持到那一刻光明的到来呢？

在我看来，如果我们把世界看作一个威胁，那么世界就会真的变成一个威胁。在追求梦想的过程中，我从未感到痛苦，因为在追求梦想的每一刻，我都无比坚定。

02 走进非洲的 15 年

在接受某知名女性组织的采访时,我曾感慨万分地说道:"是国家赋予了中国女性前所未有的机遇,让我在过去的岁月里,有幸阅读万卷书籍,行走万里路程,体验丰富多彩的人生,并投身于有价值的事业之中,帮助非洲的农民过上更加美好的生活。"

自 2010 年我首次踏足非洲至今,我有幸与非洲的多个国家的合作伙伴建立了紧密的联系。如今,无论面对多么宏大的场面,我都能够保持镇定自若,不再心生怯意。

坦桑尼亚

在非洲的 50 多个国家中,我对坦桑尼亚怀有特别的情感,这不仅仅是因为坦赞铁路的历史联系,更多的是一种难以言喻的亲切感。

我第一次踏足坦桑尼亚是在 2014 年。那时的坦桑尼亚机场设施还相对简陋,没有接机廊桥,也没有接驳车,旅客只能步行前往候机大厅。刚下飞机,我就被一股闷热干燥的空气所包围,明晃晃的阳光刺得人睁不开眼睛。候机大厅里没有空调,一整架飞机的旅客都挤在那个狭小的空间里,填写各种入境表格,然后等待海关官员签发入境落地签证。漫长的等待时间对每一个入境者的耐心都是一次考验。而当我拿到签证的那一刻,竟然产生了一种难以言表的感激之情。

说起来，我和中非民间商会的渊源也始于这次坦桑尼亚之行。那一年恰逢中国与坦桑尼亚建交50周年，我有幸被邀请参加庆祝晚宴。在宴会上，我结识了当时的中非民间商会秘书长，回国后我便加入了中非民间商会。那时，中非民间商会刚成立不久，会员数量还比较少。直到后来，商会会长明确提出了"以情怀致敬中非友谊，用市场升级中非合作"的口号，这让我深感共鸣。

在会长提出这一口号之后，商会得到了迅速的发展。如今，我们的会员数量已经超过3 000家，成为一家规模庞大、正规化的商会。思锐物流在非洲的发展，与商会的发展紧密相连（包括2018年开始正式运营的上海果锐信息科技有限公司）。

自2014年起，我每年都会去非洲2~4次，每次的行程都必经坦桑尼亚。在这个过程中，我亲眼见证了这个国家的快速变化。现在，机场已经有了登机廊桥和空调；从原来没有Wi-Fi，到现在可以免费快速上网；从原来只有一个递交签证的窗口，到现在多窗口同时工作；从原来的老机场，到现在启用了新大楼。其中很多的变化，都得益于我们国家的支持和参与，这让我有一种无比的自豪感。

2023年，我去坦桑尼亚的首都多多马拜访农业部的负责人。那天的行程安排得非常紧凑，因为当天只有两次航班，中间仅有不到三个小时留给我们用餐、会谈以及往返机场。我们到达农业部接待大厅时，负责人还在会议中。

在焦急的等待过程中，我只能细细品味大厅墙上的标语。其中有一句让我印象深刻：Kilimo ni birashara（农业是一种生意）。他们还提出了明确的目标：到2030年，农业的进出口值要达到30亿美金。

我不禁深思：他们如何才能实现这个目标？这个过程中，作为中国企业，我们可以做些什么？也许携手合作，才能共同发展，从而让非洲变得更加美好。

毛里求斯

2017年，我组织了一次非洲之旅，邀请了几位中欧国际工商学院的校友及他们的家人一同参加。我们原计划是先前往坦桑尼亚的塞伦盖蒂大草原，观赏壮观的动物大迁徙，然后再飞往毛里求斯。

毛里求斯是位于太平洋上的一个岛，常住人口仅有130万。这个国家的经济主要依赖于两大支柱：旅游业和金融业。我的朋友李先生是当地国家银行的董事长，是一位新加坡人。在我担任WTO中非经贸论坛上海代表处主任的时候，他曾两次带队来中国进行访问，希望能够吸引更多的中国企业家前往毛里求斯进行投资。

原本这是一次轻松的家庭暑期旅游，但在非洲大草原上闲聊时，大家都表示希望更深入地了解毛里求斯的投资政策。于是，我临时决定联系李先生，看看能否在毛里求斯安排一次会面。李先生接到我的电话后表现出了极大的热情和重视。他告诉我，虽然他第二天就要出国，但无论如何也要邀请我们所有人共进晚餐。因此，在我们抵达毛里求斯的当天晚上，李先生来到酒店接我们去吃饭。他还带了五位成员陪同，这充分显示了李先生对我们的尊重和对这次会面的高度重视。

在晚宴期间，酒店的负责人过来与李先生轻声交谈了几句，李先生的脸上随即露出了愉悦的笑容。他转过头来对我说："Rossella，您的运气实在是太好了。一位重要的领导正巧在里面的包间用餐，稍后我邀请他过来和您以及您的同学们交流。"

这位领导给人的感觉非常随和，他身材中等，穿着考究的深色西装，头发向后梳理得整整齐齐。他先是和我们每个人握手，并倾听我们每个人的自我介绍。然后，他将目光锁定在我身上，询问我对于非洲的看法。我回答："潜力无限，未来可期。"他听后开心地笑了起来，接着又问我对毛里求斯的印象如何。我略显尴尬地如实告知，这是我们第一次到访毛里求斯，而且是当晚刚刚抵达。

他听后就转向李先生，嘱咐他给我们安排好行程，让我们能够深入地了解毛里求斯的旅游资源。他还特别指出，让我们去参观毛里求斯的朗姆酒加工厂。这时我才知道，原来毛里求斯也种植甘蔗，并且有能力生产出口味不错的朗姆酒。我特意买了两瓶带回中国和朋友们一起分享，他们都给出了很高的评价。

那次意外的晚宴，不仅为我们的毛里求斯之旅增添了难忘的回忆，也让我对毛里求斯的文化和产业有了更加深入的了解。这一切美好的开始，都源于一个偶然的夜晚和一个意外的邀请。

我的觉察和思考

非洲最大的特色，莫过于其丰富的地上农产品和地下矿产品资源。农产品方面，这里盛产水果、咖啡豆、可可、坚果、芝麻、花生、大豆等多种农作物；而矿产品更是种类繁多，包括金、铜、锰、铅、锌、镍、铬、锂、铝、铁、钴、石墨、石英砂等。

尽管资源如此丰富，但在加工业、制造业，尤其是金融服务和高科技行业方面却相对匮乏。这无疑为未来的商业发展提供了巨大的潜力和机会。

非洲拥有14亿人口，他们的吃穿住行需求中隐藏着巨大的商机。此外，非洲的年轻人口众多，平均年龄仅29岁，这为他们带来了无限的创新潜力。我们可以将丰富的经验和创新的思维应用到非洲的土地上，为非洲人民创造更加美好的生活。

03 取之于非洲，回馈于非洲

在与非洲的长期接触中，我逐渐对这片土地及其上的一切产生了深厚的热爱。这时，一个念头在我心中萌生：物流是一个通道，可以将中国优质的工业产品带到非洲，那么是否也可以将非洲优质的农产品带回中国呢？

于是，在2018年，我开始了我的第二次创业，成立了上海果锐信息科技有限公司（以下简称"果锐科技"），专注于将非洲优质的农产品带回国内。

2018年11月，在中国首届进口博览会上，果锐科技成了唯一一家展示非洲产品的公司，这一举动吸引了非洲多国驻华使领馆的官员以及多家媒体的关注。当时，《解放日报》发表了一篇报道，给予了高度的评价，标题是《这家民营企业带领非洲农民奔小康》。

看到这个标题时，我初时觉得这样的评价有些太高。但经过深思，我意识到这确实是我的长远目标。虽然不敢说何时能帮助他们实现"奔小康"的宏伟目标，但至少我可以做到"让非洲人民吃饱"。

肯尼亚的牛油果

在肯尼亚，我被随处可见的果园深深吸引。一次偶然的机会，我结识了当地的一位芒果种植户。通过交谈，我了解到当地的水果产业现状。由于销售渠道有限，大量成熟的水果都无法及时销售，最后只能烂在果园里。

于是，我萌生了投资水果加工厂的想法，希望能帮助当地的农民解决销售的问题。我很快就实施了这个计划。2019年，我在乌干达认识了由中国人投资的辽沈工业园内的一家芒果加工厂——禾木缘，刚好他们准备投资二期厂房。这个工业园，不仅距离内罗毕比较近，而且还可以利用自己的物流网络，于是，我们一拍即合。

同年，我们在肯尼亚接触了当地一家印巴人的牛油果加工厂，他们的新鲜和冷冻的牛油果主要出口到欧洲和美国。2019年，我们也决定进口牛油果到中国。经过三年多的努力，果锐科技终于在2022年取得了非洲肯尼亚牛油果的中国海关进口许可。8月22日，我们在北京举办了首批非洲新鲜牛油果进口中国的接收仪式。在接收仪式期间，我接受了CCTV-13相关节目的采访。在谈起为了让牛油果进入中国市场所做的努力，我颇为感慨。

中非民间商会举办的《中国企业投资非洲报告（2022） - 供应链视角下的中非企业合作》发布会暨首批非洲牛油果国内接收仪式

早在2019年，我们从肯尼亚进口了冷冻牛油果，但很快发现，我国的消费者其实更偏爱新鲜的牛油果。由于之前其他的进口国并未对病虫害提出特别要求，所以肯尼亚的果农在这方面缺乏经验和相关技术。为了打开中国市场，我们投入了三年多的时间进行技术创新，不仅帮助果农引进了先进的设备和技术，还建立了一套全面的测评标准。从采摘、运输、加工、筛选、包装、熏蒸到出口，每一个环节我们都严格把关，确保产品不受病虫害的侵袭。

2020～2022年间，由于特殊原因，进口肯尼亚牛油果的过程充满了波折。在这个过程中，我们得到了中国驻非机构的大力支持，包括中国商务部和大使馆。他们不仅为我们提供了宝贵的指导和帮助，还积极参与到相关工作中，帮助我们克服了许多难关。外交部非洲司吴鹏司长在接收仪式上的发言中，对我们从肯尼亚进口牛油果所做出的努力给予了高度评价。

自2018年中非合作论坛北京峰会提出"八大行动"以来，我国一直在努力扩大从非洲的进口。我们优先考虑非洲商品的进口请求，对非洲33个最不发达国家的97%税目输华产品实施零关税待遇，并在标准、质检、互认等方面与非方积极开展合作，以加快非洲产品市场准入程序。这些措施推动了中国从非洲的进口连续增长，目前中国已成为非洲农产品出口的第二大目的国。近年来，非洲对我国农产品出口的年平均增速达到了11.4%。

肯尼亚新鲜牛油果的进口，无疑是中非贸易快速增长的一个生动缩影。在2023年的中非经贸博览会上，更多来自非洲的农产品首次亮相中国市场：卢旺达的干辣椒、肯尼亚的鳀鱼……这些丰富多彩的农产品制品都被商家带到了博览会的现场，吸引了众多采购商与市民的驻足询问。作为非洲产品进口中国的先行者和探索者，果锐科技为此感到无比自豪。我们的努力不仅推动了企业的发展，更为中非之间的贸易合作和友好关系作出了积极贡献。

津巴布韦的柑橘

自从我们成功引进肯尼亚的牛油果后，许多非洲国家的政府都纷纷向我们寻求合作，希望我们能助力他们国家的水果进入中国市场。这些国家包括坦桑尼亚、乌干达、贝宁、津巴布韦、莫桑比克和埃及等。其中，津巴布韦的柑橘尤为引人注目。

有一天，津巴布韦驻中国大使馆主动联系了我们，希望我们能协助他们将当地的柑橘引入中国市场。经过了解，我才得知两国政府早已签订了相关协议，但由于津巴布韦无法解决柑橘的冷处理问题，导致出口一直受阻。

为了尽快解决这个问题，我多次前往北京的津巴布韦驻华大使馆，与他们的商务参赞沟通，并催促他们发函回国以签订补充协议。同时，我们的非洲同事也多次飞往津巴布韦，与当地农业部以及检疫部门的负责人进行交流和沟通。

然而，当我 2023 年飞往津巴布韦拜访供应商时，却发现了一个问题：当地几家大的柑橘种植商都是欧洲人，他们在津巴布韦有深厚的根基，尽管我们解决了补充协议和冷处理的问题，但他们还是不太乐意与我们谈论采购事宜。看来，想要实现在津巴布韦大规模进口柑橘，我们还需继续努力。

非洲的援助模式

2023 年 9 月 5 日至 8 日，我受邀出席了在坦桑尼亚举办的非洲粮食系统论坛 2023 峰会（AGRF 2023），并在农产品供应链分论坛担任对话嘉宾，分享了企业在供应链方面所遇到的困难和挑战。

其间，我以中非民间商会副会长的身份会见了东非共同体商会执行董事约翰·博斯克·卡利萨（John Bosco Kalisa），向他介绍了中非民间商会的基本情况，并就果锐科技在肯尼亚的牛油果、乌干达的芒果干等非洲农产品的加工和出口情况进行了深入交流。卡利萨先生作为东非最大经济共同体商会组织的代表，表示非常期待能和中非民间商会中具有非洲情怀的企业家们共同探讨非洲的发展，尤其是帮助构成非洲绝大多数人口的农民，让他们过上更好的生活。

我深表赞同。我们在乌干达的工厂就是一个很好的例证。由于当地条件有限，许多人从出生起就未曾体验过真正的洗浴设施。为确保工厂卫生标准，我们特地为工人投资建设了澡堂，配备了干净的自来水、洁净的瓷砖、太阳能加热系统，还提供免费的沐浴用品。工厂建成后，我们明确要求所有应聘的工人在每天上班前必须洗澡。经过一段时间的实践，工人们逐渐养成了良好的卫生习惯，并感激工厂的培训，这使他们的生活质量得到了显著提升。

在坦桑尼亚举办的非洲粮食系统论坛 2023 峰会，担任农产品供应链分论坛对话嘉宾

28 岁的安德鲁是水果加工厂的车间主任，他的月薪为 800 元人民币，比其他工人高出 350 元。这份稳定的收入让他的孩子能够接受教育，成为村里仅有的两个上学孩子之一。

我始终坚信，相较于传统的援助模式，经贸合作是一种更为长久且可持续的支持非洲国家发展的方式。通过在当地开展业务，我们可以为当地提供外汇储备，解决外汇储备不足的问题。

我深信并坚持中国企业在海外运营时应积极履行社会责任，特别是在改善当地妇女和儿童的生活状况方面。在我们的肯尼亚水果加工厂和坦桑尼亚的物流公司中，当地女员工的比例占到了全体员工人数的三分之一。

我的觉察和思考

在 21 世纪的今天,中国企业在"一带一路"共商共建共繁荣的理念引领下,进行国际化拓展。身为中国企业家,我深感自豪,这个时代和今天的中国为我提供了宝贵的荣耀和支持。

当前,众多中国企业正积极拓展非洲农副产品出口品类。我坚信,不久的将来,中国消费者的餐桌上将呈现更多优质的非洲农副产品。而中非之间的情谊,也将如这小小的水果一般,跨越重洋,愈发浓郁芬芳。

04 因为我是中国人

早在几十年前,许多小个体户便怀揣着梦想与勇气,背起行囊,独自踏上世界各地的寻商之旅,其中不乏遥远的非洲大陆。我的一位中欧国际工商学院的校友,在加入阿里巴巴之前,就曾带着五万美元现金远赴非洲闯荡。尽管路途上她历经了重重困难与考验,但幸运的是,她最终安然归来。

后来,一些幸运儿在当地积累了一定的财富,并开设了中国超市。这些超市不仅提升了当地人的生活品质,还拓宽了他们对中国商品和文化的了解。对于这批创业者而言,他们的经历虽带有武侠小说中"仗剑走天涯"的浪漫色彩,但更多地展现了中国人骨子里的勇敢与坚强。他们的远方,或许没有理想的诗歌,只有生活的艰辛。

如今,随着中国实力的增强,无论我走到哪里,都能感受到他人对中国的高度重视,甚至是仰慕与尊敬。身在海外,我更加深刻地体会到祖国的强大对于一个中国人来说意味着怎样的自豪与骄傲。

自创业以来,我已踏足 47 个国家。从 20 年前初出茅庐时的提心吊胆、忐忑不安,到如今的自信满满、自豪乐观,这一路上的酸甜苦辣,唯有亲身经历过的人才能深刻体会并娓娓道来。

非洲之旅

2010 年,我首次踏上了非洲这片神秘而多彩的土地。起初,我并没有前往非洲的计划，因为多年来，我们通过电话和邮件与非洲保持着顺畅的沟通。然而，由于我们在非洲的第一个工程物流项目接近尾声，大量物资需要运回国内，在这个关键而重要的时刻，我决定前往项目现场。

非洲的航空交通网络相对有限，主要的中转站只有两个：南部的南非和东部的埃塞俄比亚。客户的工程项目位于纳米比亚——非洲的西南角，从中国到那里没有直达航班，因此我需要先去南非，再转机前往纳米比亚。

抵达南非时，正值世界杯足球赛前夕。走在约翰内斯堡的街头，我被眼前的景象深深吸引。干净整洁的街道上洋溢着浓浓的节日气氛，彩旗飘扬。我坐在阳光明媚的商业中心区的一家咖啡厅里，品尝着纯正浓郁的咖啡，看着不同肤色、不同种族的人们熙熙攘攘地穿梭在街头巷尾，仿佛置身于欧洲某个繁华的都市。

随后，我转机飞往纳米比亚。这个只有200万人口的国家，空旷得让我感觉不真实。抵达首都温得和克时，已经是晚上8点多。夜晚的街道漆黑一片，灯光稀疏，车辆和行人更是寥寥无几。

第二天，我们继续飞往鲸湾港。晚上，合作伙伴热情地邀请我们一起共进晚餐。他们表示，因为我们来自中国，是他们的贵客，所以特别预订了海边一家雅致的海景餐厅。

纳米比亚有很多德国人，这家餐厅的负责人就是一位德国人。他将欧洲的传统特色融入餐厅的内部装潢中，使得整个环境既别具一格又充满异国风情。我们品尝着美食，畅谈着彼此的故事，感受着异国他乡的温暖与热情。

这次非洲之旅给我留下了深刻的印象和愉快的回忆。

三次南美之行

迄今为止,我去过南美洲三次。第一次是到智利和巴西出差,第二次是去秘鲁和墨西哥考察,而第三次是去秘鲁的印加古道徒步。

首次踏足智利和巴西时,我体验到了长途跋涉的疲惫与新奇的交织。我们从上海出发,历经 31 小时的飞行——先飞 12 小时抵达法国巴黎,等待 7 小时后,再续飞 12 小时到达智利首都圣地亚哥。走出圣地亚哥机场,抬头望见明晃晃的太阳悬于天际,加之 15 小时的时差,我感到一阵头昏目眩。

那天是周日,当地的合作伙伴把我们安顿到酒店后,便回家陪伴家人。他建议我们下午去市中心逛逛,并推荐了观光巴士。尽管仍有些头晕,我还是决定去购买观光巴士的车票。

售票处的两个小伙子热情如火,脸上洋溢着如天上太阳般明媚的笑容,不断向我们询问关于中国的问题。他们对遥远而神秘的中国充满了无尽的好奇。当我们要登上观光巴士离开时,他们依依不舍地向我们道别,并说了一句:"我们去不了中国,你们以后要常来啊。"那一刻,我的脸上无疑洋溢着自豪和骄傲的光芒,那是源自心底的深情。

几天后,我们飞抵巴西的里约热内卢。然而,当我们到达酒店时,却发现即便是四星级酒店价格也贵得离谱,而且房间里没有中央空调,只有一个摇头晃脑的大风扇。我热得浑身冒汗,心中升起一股无名火,于是就询问合作伙伴。这才得知,原来那周的周末正是巴西的狂欢节,吸引了大量游客前来狂欢。合作伙伴还开玩笑地说:"难道你们不是冲着周末的狂欢节来的吗?"我哭笑不得,因为出门前根本没看日历,这真是天大的巧合。

"既来之，则安之"。我们索性规划了观看狂欢节的演出，也算是对这次远道而来出差的一次奖赏。当天晚上，我们兴高采烈地去看花车表演。大街上人头攒动，人们穿着奇装异服，我们也买了两个充满异域风情的头饰，随着音乐的节奏，一路欢舞着走到观看区。

晚上9点，花车表演正式开始。一组组方队缓缓走来，女演员风情万种，男演员热情奔放，简直就是一场视觉与听觉的盛宴。每当一组方队经过，观看区的人们都会热情地配合，随着音乐扭动着身体，开心地大声歌唱，现场汇成了一片欢乐的海洋。

作为东方人，我们显得有些拘谨。但周围的观众们看到我们来自中国，都非常热情地邀请我们加入这欢乐的行列，一边笑着喊："China！China！（中国，中国）"。那是一次真正的、来自内心深处的狂欢。

第一次南美之行归来后，我休整了整整十天，疲惫程度超乎想象。我也暗自发誓此生不再踏足那片土地。然而，谁能想到，不久后我就又去了第二次。

中欧国际工商学院有一个国际班，学员来自不同的国家。2014年，一个偶然的机会，我认识了国际班的Luis。他非常热情地邀请我和另外几位校友去他的家乡墨西哥，并顺便去秘鲁看看他在那里的合作企业。

尽管几位校友因路途遥远和15小时的时差而退缩，但勇敢的Michael与我决定前行。2014年夏，在Luis的陪伴下，我们踏上了前往秘鲁和墨西哥的旅程。

我们首飞美国达拉斯，再转至秘鲁。抵达秘鲁首都利马时，已是当地凌晨。我们入住了太平洋畔的一家酒店，前台的小伙子知道我们是中国人后，热情地与我们攀谈。得知我们来自上海，他又竖起大拇指，表示对这座国际大都市的向往，并称赞上海之美。我们听后自豪而笑。

他问我是否知道秘鲁的中国人数量，我疑惑地摇了摇头，心里猜测难道秘鲁有很多华人？他告知，秘鲁约有15%的人口是华人，这让我大为惊讶。

在秘鲁的几天里，我们深切感受到秘鲁人对中国人的友好。据Luis估计，秘鲁境内的中餐馆多达千家。更令我惊讶的是，他们将"餐馆"称为"CHIFA"，发音与中文"吃饭"相似。华人在当地数量众多，中餐对当地餐饮业影响显著。身为中国人，沉浸于此环境，我倍感亲切与自豪。当然，我们也品尝了秘鲁美食，食材新鲜，味道极佳。

2014年正值世界杯足球赛在巴西举办。举办决赛的那个周末，Luis计划带我们前往当地著名的米其林餐馆，也是全球排名第二的CENTRAL。然而，此餐馆极为热门，平日里都需提前两周预订，世界杯期间更是难以订位。当Luis提及我们是来自中国的贵宾时，餐馆的负责人破例为我们安排了绝佳位置，并前来问候。这种无微不至的关怀，让我感受到了"宾至如归"的温暖。我深知，这份特殊待遇，源于我来自中国。

在整个南美洲，除了巴西说葡萄牙语以外，其他国家都说西班牙语。其中，秘鲁的历史尤为引人关注。1544年，秘鲁成为西班牙在南美洲的统治中心，由此可见秘鲁的重要性。

秘鲁的首都利马，是一个生活着800多万人的城市，坐落在太平洋之滨，却拥有一种独特的气候现象——全年365天几乎不下雨，据说已经持续了600年。神奇的是，在我们离开利马前的最后一天，傍晚时分，天空竟然飘起了小雨。虽然只是蒙蒙细雨，但是Luis和他的合伙人竟然开心得哇哇大叫，还把这场小雨归功于我们这两个中国人的到来。这让我既感到开心又有些受之有愧。

虽然气候干燥，但是在秘鲁的任何地方行走，遇到的人都是笑脸相迎，如同那久违的细雨般温暖。秘鲁的印第安人特别像中国人，他们也特别喜欢中国人，觉得中国人友好热情。

当时正值墨西哥大力推进改革开放的时期，他们努力向中国看齐，渴望自己的国家能像中国一样快速发展，并且寻求与中国企业的合作机会。所以，在我们参观当地的大型企业或者拜访投资部门时，几乎每一栋大楼的显眼位置都挂着醒目的标语："拥抱变革"。

最有意义的是，第三天的早晨，Luis 邀请了他从小一起长大的好朋友——一位极具社会影响力的男士，来洲际酒店与我们一起享用早餐。我们在酒店餐厅一个安静的角落入座后，酒店的总经理也前来与我们寒暄。我们觉得是沾了 Luis 的光，但是，他却谦虚地表示是他沾了我们的光。

在用餐的过程中，这位极具影响力的男士吃得不多，更多的时间都是在与我们深入地交流，对中国充满了好奇，两眼总是闪烁着好奇和惊喜的光芒。交谈中，他一直使劲点头称赞。而我，在这样一场无比真诚的对话中，体会到了墨西哥各级精英们对于加速改革开放的渴望。

印度尼西亚

2023 年，杨国安教授率领杨三角企业家联盟（YCA）的校友们前往印尼进行考察游学。由于思锐物流在印尼已经深耕十多年，因此我有幸成为本次活动的组织者之一。我借此宝贵机会，邀请了印尼投资部和工业部的副部长们亲临现场，为教授和同学们分享印尼最新的投资政策。

我们一行人，共有 60 多位中国企业家，因此印尼方面格外重视，特别准备了高规格的会议室来接待我们。在开会之前，他们的下属团队也专门抽出时间，与杨教授和我进行了深入的交流。

会议中，他们精心准备了详尽的幻灯片进行展示，两位领导认真详细地介绍了印尼可投资的项目和优惠政策，以及未来的发展潜力。他们的话语中充满了对中国企业家们的真诚热切期待。

2024年6月，李秀娟教授带领中欧国际工商学院创业投资营的校友们来到印尼考察，我再次帮忙对接投资部的领导们。然而，他们的行程非常紧张，留给领导们的分享时间只有短短一个小时。没有想到的是，这些领导们非常热情，克服困难来配合秀娟教授的时间安排。甚至有个别领导刚刚下飞机，就匆匆赶往会场。没想到，教授一行人的航班晚点，再加上途中堵车，最后让投资部的几位领导等了一个多小时。但是他们毫无怨言，仍然进行了非常热情和认真的介绍。

这一切让我深刻感受到了印尼政府大力引进外资，尤其是对中国投资者的决心和真诚态度，也让我对印尼未来的经济发展充满了期待。

匈牙利商务之旅

2024年5月，我带领团队前往匈牙利出差，因为一位重要的客户在匈牙利投资并准备扩张生产，我们需要到现场进行拜访和实地考察。当飞机平稳地降落在匈牙利首都布达佩斯时，时间是清晨6点。下了飞机，安检过程顺利且高效，这让我非常惊喜。

当地的合作伙伴前来机场接机，并询问我们是否需要购买当地手机卡以便在匈牙利进行通信联系。我们笑着拒绝了，因为我们所携带的华为手机可以直接开通"天际通"功能，欧洲十日行仅需176元，每日可畅享5G流量。这让合作伙伴感到非常吃惊，而我们则为自己国家的科技进步感到无比自豪。

紧接着，我们一行人驱车前往码头，一口气考察了四家公司。令人不可思议的是，每家公司都无一例外地介绍了中欧班列；在每家公司的场地上，都能看到来自中国的铁路集装箱。这说明什么呢？这说明中国的货物越来越多地进入了欧洲市场。而中国电子商务的蓬勃发展，也催生了跨境电商的快速增长。

考察结束后，我们入住酒店时已经是下午 5 点，并约好 6∶15 在大堂集合吃晚餐。实际上，经过长达 11 个小时的洲际飞行和一天高强度的工作后，我们滴水未进、粒米未沾，早就饿得前胸贴后背了。匈牙利的合作伙伴充分利用我们的时间，把行程安排得满满当当的。在他们看来，吃饭是次要的，能让我们充分了解布达佩斯的物流情况，才是他们最为渴望达成的目的。

我也真正了解到，中国众多大企业正在逐渐进入匈牙利市场。比如，比亚迪和宁德时代就已经在当地落户，引得众多的当地公司争先恐后希望成为他们的供应商；还有我们的客户万华，早在 2012 年，就前瞻性地收购了匈牙利当地的一家化工企业，这些年来为当地贡献了不少税收，并提供了很多就业机会。如今他们准备继续扩大规模，更好地为匈牙利的经济繁荣添砖加瓦。这样的双赢局面，无疑是中国企业和当地政府及人民共同期盼的事情。

后面的几天，我们的行程更加紧密，每天驱车 300~400 千米，穿梭于不同的地点进行考察，还拜访了客户位于 220 千米之外的工厂，去实地考察可采用的重大件货物卸货码头。

匈牙利是个非常美丽的国家，无论我们去往哪里，沿途都是宽阔平坦的高速公路，两侧是绿油油的麦田或草地，一直延伸到遥远的天边，与天空中洁白的云朵交相辉映。这样的美景，让我们心旷神怡，仿佛置身于一幅绚丽的画卷之中。

周六，我们还特意前往邻国斯洛伐克的首都布拉迪斯拉发的港口。这个面积只有 4.9 万平方千米、人口只有 500 多万的国家，是我从未想过会来的地方。但当我真正来到这里时，却发现这是一个充满魅力的地方。街道上，到处是骑行的人们，或是出行度假的一家人，整个城市弥漫着悠闲和宁静的气息。

从港口出来后，我们去了一家超市购买饮料，并品尝了当地一种非常有名的可乐，口感独特。加油站的超市也给我留下了深刻的印象，尤其是洗手间，干净且高端，展现了斯洛伐克人内在的素养和品位。

中午，我们在一个高速公路旁的红房子小餐馆用餐。这个小餐馆独自坐落在群山环绕的绿意之中，宛如一个可爱的卡通玩具被放置在纯净美丽的春天的大自然中，有一种养在深闺人未识的楚楚可怜之美。它的幽静和雅致让我们忘却了旅途的疲惫。

陪同我们一起考察的还有两位斯洛伐克的专家，他们虽然不善言辞，但却非常贴心。当我看着菜单发呆时，他们主动为我推荐了两款主食。虽然我对欧洲人的品位心存疑虑，但是看到他们如此真诚而清澈的眼神，我选择相信他们。事实证明，他们推荐的主食非常好吃，让我品尝到了一顿美味的西餐。这些点点滴滴的温暖瞬间，让我感受到了世间的美好。

阿联酋的合作伙伴们

在前往非洲的旅途中我第一次踏足阿联酋，是在迪拜转机的时候。我顺便在迪拜逗留了两天，其中一天还去了阿布扎比。

当地的合作伙伴非常开心，直接把我带到中石油下属的一家中东公司，希望我能与那里的中国人深入交流一下。他有意思地告诉我："你来了，就赶快发挥一下中国人的优势，争取帮他拿到业务。"这个解释把我逗乐了，当地合作伙伴的渴望之情溢于言表。

第二次去阿联酋，是参加在阿布扎比举行的一个行业会议。那次，我正在餐厅吃午餐时，突然感觉到有轻微的震动。服务员小步跑过来解释："这是由于前一天的地震导致的余震。"尽管我们有点惊魂未定，但还是安心地吃完了午餐。

第二天清早，阳光洒满大地。我在室内看到一只小鸟在阳台上悠闲踱步，冷眼看着室内的我们。我转头对同行的同事 Lucy 说："看来这次地震已经平息了。"Lucy 好奇地问我为何如此笃定，我解释："人们在嘈杂喧嚣的世间，往往缺少了觉知，而动物活在当下，更能觉知到自然界中微小的变化。"

第三次去阿联酋，是受邀参加合作伙伴的女儿的婚礼。这场婚礼在迪拜举行，场面盛大而热闹，至少有 100 桌宾客。与我在坦桑尼亚达累斯萨拉姆的 SERENA 酒店参加的中东婚礼相比，这场婚礼略显简朴。那次，我在酒店大堂送别朋友，看到了当地中东家庭在举办婚礼。出于好奇，我走近观望，结果被邀请进入参观。我欣然接受了邀请，走进了那个充满欢声笑语的大房间。只见多位女士正在拍照，每个人都手持最新款的苹果手机，背着限量版的名牌包包。那场面，根本无法想象自己身在非洲。

第四次去阿联酋，同样是因为要到非洲出差需要转机路过。巧合的是，上海电气在迪拜的光热项目即将启动，我就顺便前往项目现场拜访。中午时分，在项目工地的餐厅用餐。尽管那家餐厅已经是当地非常不错的中餐厅了，但是酷热难耐，我吃完饭后已经汗流浃背，所以急切地想要逃离那炎热的环境。

下午 1 点，迪拜的气温简直超出了我的认知。司机指着仪表盘上的温度显示器，我倒吸了一口气，温度竟然高达 78 摄氏度！车里的空调就像一个噪声发生器，几乎没有任何制冷效果。我仿佛置身于一个巨大的蒸笼之中，汗水不断地从额头滑落，湿透了我的衣服。

我忽然意识到，自己身处沙漠之中。这片广袤无垠的沙漠，正是光热项目需要的理想环境。作为一个生活在上海的人，我是无法预想这一切的。我只能吸着燥热的沙漠热气，继续在飞沙漫天的沙漠中前行。整整一个小时后，我们驶出了沙漠地带。进入市区后，车内的温度才逐渐降到正常范围。

当天晚上，为了犒劳差点中暑的我们，合作伙伴邀请我们到阿玛尼酒店享用晚餐。这是全世界第一家阿玛尼酒店，位于著名的哈利法塔下，据说是阿玛尼先生亲自设计的，非常高端大气。走进酒店，一股淡淡的阿玛尼香水味弥漫在空气中，让人沉醉其中。

晚餐是阿玛尼酒店知名的日本料理。我们坐在户外的长桌边，吹拂着迪拜夜晚有点奢靡的晚风，一边品尝着美食，一边观赏着不远处的喷泉表演和哈利法塔上变幻莫测的灯光秀。偶尔，灯光秀中还会显现出中文字幕。这是一个如此美好的夜晚。

那一刻，我的心底升起了感恩之情，为自己，更为今天的中国。

我的觉察和思考

在这广袤的世界舞台上，"没有国，何来家"这句话犹如一颗璀璨的明星，闪耀着永恒的真理之光。

国，是我们共同的庇护所，是给予我们安宁与力量的坚实依靠，为我们营造了和平的环境，提供了发展的机遇，让我们的梦想得以生根发芽、茁壮成长，并最终结出丰硕的果实；家，是心灵的港湾，是我们在忙碌奔波后最渴望回归的温暖之地，是我们共享天伦之乐的地方。

国是大家，家是小国。因为有了国，我们的家才得以在岁月的长河中熠熠生辉，生生不息地延续着温暖和爱。在这片土地上，一代又一代人繁衍生息，传承着家国情怀。

在日益国际化的今天，我们可以自由而勇敢地跨越国界，前往自己心仪的国家或地区。我深刻地体会到，世界是一个紧密相连的整体，而国家则是我们在这个整体中安身立命的根本。无论我们走向何方，国家始终是我们背后最坚实的后盾，给予我们无尽的力量和勇气去追逐梦想，去创造美好。

当我们走向世界，当我们身处异国他乡，我们才能更加心怀感恩祖国所给予的一切，才能更深刻地体会到家国情怀的重要性，也更愿意为祖国的辉煌发展添砖加瓦。

📝 **小指南**

　　中国企业出海已经是大趋势。对于首次涉足国际市场的企业而言，每一步都需谨慎布局，以规避潜在的挑战与风险。以下建议希望能助力企业稳健出海：

　　1. **面对未知的勇气**：企业在出海过程中，会面临许多未知的挑战和突发困境，企业需要有冲破内心恐惧的决心，勇敢地探索新的市场和机遇。

　　2. **全面而深入的风险评估**：出海伴随着风险和不确定性，企业除了需要冷静和客观地分析各种风险外，还需细致入微地分析行业趋势、竞争格局及潜在的市场风险。

　　3. **本土化战略**：充分尊重和适应海外当地的文化习俗、法律法规及社会规范等，通过提供定制化、本土化的产品与服务，以及专业的技术支持与培训，实现与当地社会的深度融合与互利共赢。

　　4. **秉持长期主义**：企业出海是一项长期而复杂的系统工程，需要耐心与坚持，不应急于求成，而是通过持续投入，整合当地资源，逐步积累品牌影响力和逐步扩大市场份额；同时，选择价值观相契合、发展理念相一致的合作伙伴，共同开拓当地市场。

第3章

融合团队文化的力量
如绿色般具有同理心和爱的能力

绿色，一种充满生机且和谐的色彩，象征着同理心与爱。

在交流与合作的过程中，同理心使我能够设身处地地理解他人的处境和感受，不再仅仅着眼于自身的利益，而是用心去倾听他人的想法和需求。这种相互的理解，消除了误解和冲突，营造出一种包容而温暖的团队氛围。

团队中的爱，并非狭隘的情感，而是一种无私的奉献和关怀。成员们因爱而相互支持、鼓励，在困难时刻携手共进。这种爱的力量，激发了每个人的潜能，使大家为了共同的目标全力以赴。

绿色的力量让团队在竞争激烈的环境中，始终保持旺盛的生命力和强大的战斗力，不断创造辉煌的成就。

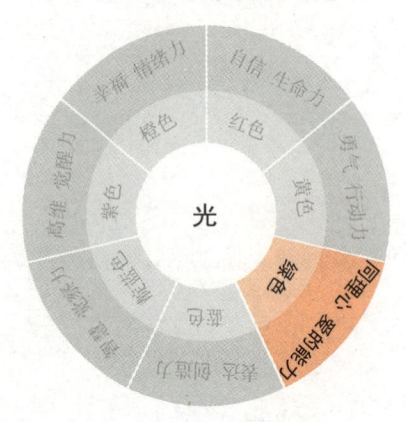

01 有"将"来，才有将来

2023年5月10日，思锐物流的全资子公司——上海盈思佳德供应链管理有限公司，荣幸入选北京CCTV的《信用中国》栏目。这是一个值得庆祝的时刻，也是思锐物流历史上值得铭记的时刻。它标志着思锐物流团队经过二十载如一日的坚持和积淀，终于迎来了专业性和国际化成就的认可。

我前往北京，接受了CCTV的一对一采访。在采访中，我深入介绍了思锐物流的发展历史、与共建"一带一路"国家企业合作的历程、业务的专业性以及我们国际化的团队。采访过程中，主持人对我们的海外属地化团队表现出了浓厚的兴趣。我不由自主地脱口而出那句经常挂在嘴边的话："有'将'来，才有将来。"

▌思锐大学

思锐物流内部的培训机构——思锐大学，诞生于2013年的春天，源于我的一个突发奇想。我渴望拥有一个专门的培训机构，它就像一辆驶向春天的列车，为企业未来的发展源源不断地输送人才。

为此，我们迅速组建了一个小团队来策划并实施这一计划。大家热情高涨，共同为思锐大学设计了校徽和校训，并正式宣布启动。经过11年的运营，思锐大学已经为企业的发展作出了巨大贡献，尤其在员工成长、岗位胜任和海外派驻等方面，提出了许多宝贵的建议，并倾注了大量的心血和汗水。

企业培训的本质在于通过系统的教育和培训，促进员工在知识储备、思维认知和工作技能方面的全面提升，进而提升员工在岗位上的工作绩效，推动组织能力的整体提升，助力企业实现组织战略落地和可持续发展。

在思锐大学的发展过程中，我们特别注重创新和思考。为了更好地满足员工的成长需求，我们推出了多个富有创意的培训项目。比如，针对员工成长的"Fly High（飞得更高）"项目，以及基于员工外派的"Fly Out（飞得更远）"项目。

当然，我始终密切关注着它的成长与发展。在过去的几年里，每周周一的下午，我都会为员工们进行一个小时的培训。但后来因为出差太过频繁，这个培训就中断了。从 2023 年开始，思锐大学再次邀请我支持"总裁开讲啦"项目，每月给全体员工上一堂课，每次持续一个小时。

我分享的内容丰富多样，从《改变的历程》到《京瓷哲学》，再到《精神健康讲记》等多个方面。只要能更好地改善全体员工的精神健康、调整人生态度、深化哲学思想或者掌握更有效的成长方法，我都愿意花时间和大家分享。这些课程都受到了大家的一致好评，我也深感欣慰。

自 2017 年起，我逐渐认识到对外籍员工培训的重要性，并开始让思锐大学投入大量的时间与精力，深入探索如何更好地进行跨文化的培训。我们深知，在海外拓展的漫长征途中，要实现组织目标与当地员工需求的统一，提高当地员工参与培训的积极性，就应该积极搭建一座坚固的桥梁。而这座桥梁的基石，就是岗位胜任的要求。

2022 年以来，我们通过建立完善的海外培训课程体系，结合公司对于各级员工在素质和专业能力方面的综合要求，绘制了海外员工的能力地图，并进行了系统而深度的培训。我们努力探求一条针对海外员工成长和企业成长相辅相成的人才发展道路。

思锐物流的国际化拓展才刚刚步入轨道，长久的发展离不开人才的发展。海外的员工发展，也才刚刚开始。"有'将'来，才有将来"，我坚信这一点。

坦桑尼亚的管理者

Josephine 是思锐物流非洲总部坦桑尼亚的一位杰出女员工，已在公司服务整整十年。36 岁的她，独自抚养着两个孩子。

七年前，她凭借出色的工作表现，被评选为优秀员工，并受邀到中国上海参观公司总部，还获得了在上海海事大学学习两周的宝贵机会。这对于她来说，是一次非常难能可贵的经历。而对于公司来说，这是一次文化相融、促进国际员工交流的重要一步。

作为坦桑尼亚进口部门的负责人，Josephine 在日常工作中展现出了卓越的管理能力和领导魅力。她经常为进口部的 30 多名员工进行培训，用自己的经验和知识帮助团队成员成长。她的榜样力量，无疑为整个团队注入了强大的正能量。

在 2020～2022 这三年，非洲经济受到了巨大的冲击，当地员工普遍信心不足，工作缺乏激情。在这个关键时刻，Josephine 挺身而出，发挥了积极的带头作用。

像 Josephine 这样的当地员工，是公司不可或缺的宝贵财富。2023 年，当我终于又可以踏上非洲这片土地时，第一站就选择了坦桑尼亚，还特意安排了与她共进午餐，以表达对她的敬意和感谢。

午餐安排在当地的一家知名酒店。看得出来，Josephine 精心打扮了一番，穿着得体地来与我见面。在用餐的过程中，我向她提问了很多问题，其中包括"如何更好地成为一名优秀的管理者"。她的回答展现了强烈的进取心和职业素养，对于工作也有着深度思考和独特的见解。

同为女性，我们也讨论了如何平衡事业发展和子女抚养的问题。她的两个孩子，一个 17 岁，一个才几岁。她说自己的收入不错，为了能够处理好家庭琐事和事业发展的关系，她聘用了保姆来帮助她照顾孩子。同时，她也相信自己未来会有更高的收入来支持孩子们的教育。最后，她还不忘表达对公司的感恩之情，感谢公司给她提供了一个很好的职业发展平台。我看到了她眼中的坚定，那是来自一位母亲对孩子伟大的爱以及一位职场女性对未来的自信。

这让我想起了曾在坦桑尼亚拜访一位国企领导的经历。他们一见面就表扬我们的本土化管理做得比他们好。虽然其中有商业互捧的成分，但也从侧面反映了他们对本土化的重视，以及本土化策略在企业发展中起到的积极作用。

实际上，属地化的发展离不开这些本地的优秀员工，他们正是企业实现从"走出去"到"走进去"过程中需要依靠也必须依靠的坚实力量。

印度尼西亚的员工

思锐物流自2013年在印度尼西亚设立分支机构以来，已经走过了11个年头。回首过去，我们从最初的两名中方员工逐渐壮大，发展到如今已拥有30多名属地化员工的规模。在这期间，印尼也经历了许多发展的起伏。

印尼拥有约3亿人口，其独特的文化背景对员工的工作态度和行为习惯产生了深远的影响。他们总是乐呵呵的，仿佛没有什么烦心事。这种文化差异导致我们在过去很长一段时间里，主要依赖中方的员工来处理各类问题，为中方的企业提供属地化服务。

然而，这种做法存在诸多弊端。中方外派员工的成本高昂，同时在属地化的资源整合以及各种渠道的交流沟通中，也消耗了高额的沟通和学习成本。痛定思痛，自2021年起，我们决定实施更为深入的属地化管理，即更多地依靠当地人来提供优质的服务。我给印尼团队提出了"在印尼，为印尼（In Indo, For Indo）"的口号，以此作为我们属地化战略的核心理念。

这个战略说起来简单，但执行起来却非常困难。比如，很难招聘到理想的人选，或者招聘到的员工根本不符合公司的标准等。这些问题导致人员流动率居高不下，每年都要更迭不少人。

直到 2023 年 5 月，我再次到访印尼办公室时，发现了一些积极的变化。有几位当地员工竟然能说比较流利的中文，其中一位女员工还在中国留学两年并在中国工作过几年。当我开员工会议时，这位女员工成了不错的翻译。这样既了解中国又熟悉印尼的员工是何等宝贵。因为专业能力是可以培养的，但是对语言和两国文化的深度理解必须要亲身经历才可以获得。

在印尼，我们还面临一个棘手的问题，就是寻找合适的属地化管理者，直到我们遇到 Pak Budi。他在印尼一家大型企业工作至退休，之后加入了我们印尼分公司，任副总经理。我与他在微信上有过多次交流，也带着他多次与印尼分公司总经理 Cynthia 召开视频会议。直到 2023 年的夏天，我终于有机会与他见面，并与他进行了一次深入的交流。他提出了许多富有建设性的建议，也都被我逐渐采纳了。

能够物色到如此优秀的本地化人才，我深感欣慰。我坚信，在 Pak Budi 的协助下，印尼分公司将逐步迈入属地化的大发展时期。这正印证了我们的信念："有'将'来，才有将来"。

肯尼亚的员工

果锐科技在肯尼亚的分公司，有这样一位杰出的当地员工，他的名字叫 Martin。他来自肯尼亚的马赛农村，毕业于当地的孔子学院。值得一提的是，非洲有很多孔子学院，肯尼亚就有好几所。他给自己起了一个很好听的中文名字——许天。

我与 Martin 相识于 2019 年，当时我去肯尼亚出差时曾与他有过短暂的接触,但印象并不深刻。直到 2023 年,我再次到非洲时,他的出色表现让我对他刮目相看。

由于中方的非洲总经理因家事需要留在国内,Martin 就从肯尼亚来到了坦桑尼亚,陪同我拜访当地农业部的负责人、牛油果工厂负责人、辣椒种植农场主以及农业大学的专家等。在坦桑尼亚和肯尼亚,两国都使用斯瓦希里语作为通用语言,但官方语言都是英语。在英语水平上,坦桑尼亚则相对逊色一些。这 Martin 作为当地人的巨大优势表现得淋漓尽致。他常常能在我们表达不通顺的时候及时补位,用当地的斯瓦希里语做出很好的解释,确保沟通顺畅。

此外,Martin 还展现出了非凡的学习力和记忆力,能迅速掌握果锐科技的专业知识,并将其详细地向当地人解释。也许是受孔子学院老师们的教导,他非常有礼貌,言谈举止也符合中国人的习惯。在穿着方面,他展现出职业的一面,每天穿着衬衣和长裤,给人留下干净整洁的好印象。

最让我为之惊叹的是 Martin 在周六聚餐时的现场表现。大清早,我们一行人去了坦桑尼亚达累斯萨拉姆的海边,从渔民的小渔船中购买刚刚从印度洋打捞上来的螃蟹、皮皮虾、八带和海鲈鱼等,然后带到中国员工宿舍进行烹饪,等待晚上的团建聚餐。

晚上 6 点,当我进入员工宿舍时,就闻到了新鲜海鲜的味道,还有炖了一个下午的骨头汤的香气。餐桌上摆满了海鲜,还有当地保姆做的几个凉菜和热菜。

聚餐气氛热烈而愉快,大家纷纷举杯畅饮、畅谈人生。在敬酒环节,Martin 作为唯一的当地人,他站了起来,高高举起手中的啤酒杯,用英文开始了他激昂的祝酒词。他回顾了自己四年来在果锐科技的成长历程,表达了对中国和中国人的感激之情。他满怀深情地说起了 2022 年的圣诞节,公司给他发的大礼包如何轰动了他的家族,也让他在马赛村出尽风头,父母也感到骄傲无比。然后,他向我、思锐物流非洲大区总经理、坦桑物流公司国家经理、另外两位中国朋友和其他中国员工逐一敬酒。最后，他不忘感谢自己的直接上级 Gary。他的发言感人至深，分寸拿捏到位，赢得了现场所有人的敬佩和掌声。

三周后，当我在深夜独自到达肯尼亚内罗毕机场时，Martin 竟然手捧一束玫瑰花出现在接机口。这份用心和热情，让我感受到了无比的开心和幸福。

我的觉察和思考

在企业扬帆出海、进军海外市场的过程中，"将"是至关重要的。这意味着企业要锁定当地的优质人才资源，做好战略储备，为属地化发展打好基础。而"将来"则意味着企业要有前瞻性的眼光和规划，认真分析不同地区的潜在机遇和挑战，提前布局，抢占先机，确保企业在激烈的国际化竞争中有足够的实力立足当地。

我常常思考：如何才能确保海外当地的员工在异国他乡也能"被看见"？作为肩负重任的中国管理者，我们又该如何去"看见"他们？

"看见"并不是简单地用肉眼来观察，而是用心体验那些在日常工作中默默付出的忙碌身影，去感受他们思考中的灵光一闪，去欣赏他们的优点，去品味那些用真诚和努力付出的时刻。真正的"看见"是共情的起点，也是跨文化融合与管理的第一步。

真正的平等不应受到年龄、性别、肤色、身份和宗教等外在因素的束缚。我们应该尊重每一个人的选择，包容每一个人的独特之处，看见每一个人的优势。这种平等不仅是对员工个体的尊重，更是对企业文化的升华，是构建自由、开放、包容的企业氛围的基石。

02 跨文化管理

稻盛和夫先生在其封笔之作《心：稻盛和夫的一生嘱托》中提到，他曾经把"我个人的技术发扬光大"作为京瓷创建之初的经营动机，然而这一想法却引来了员工的集体反对。经过深刻的反思，稻盛和夫先生将公司的使命调整为："追求全体员工物质与精神两方面的幸福"。

公司的存在，并非为了实现个人的抱负，而是为了守护员工的生活，为他们带来幸福的人生。这也是企业经营的深远意义。当中国企业迈向国际市场时，更需要怀揣利他和敬畏之心来构建自己的属地化组织，并培养一支具备跨文化敏感性和适应能力的管理团队。

成为 SMART 企业

跨文化管理是企业国际化进程中的一大挑战。多元的文化背景必然导致不同的文化价值观、工作习惯和沟通风格。大约十年前，思锐物流在非洲就曾因此遭遇过困境。

当时，我们外派到非洲的中方员工在与当地员工交流时，表现出了过于强势且带有优越感的态度。有的中方员工甚至使用"小黑"这种带有明显歧视性的用语来称呼当地员工。这种文化偏见严重破坏了工作环境的和谐，还引发了当地员工的强烈不满和消极怠工。最终，日益激化的矛盾导致了员工罢工，而这场罢工竟然是在当地人力经理的策划下组织起来的。

得知这个消息后，我下定决心要从根本上解决问题。首先，我真诚地向当地员工道歉，并严禁在企业内部使用类似的语言；其次，我立即组织高管进行头脑风暴，升级公司的核心价值观。我们将企业名"Smart Cargo"中的"SMART"拆解为四个核心价值观："S"代表 strive（奋斗），"M"代表 mix（融合），"A"代表 ambitious（积极进取），"R"代表 respect（尊重、包容）。通过这样的企业文化宣传，我们让所有的外籍员工从内心深处理解并认同企业文化，同时也校正部分员工的不良言行，纠正他们的自以为是。

随后，我们针对海外属地化员工特别推出了海外版本的绩效制度，确保每一位辛勤付出的员工都能被"看见"，并因此获得应有的激励。

从 2023 年起，在年底的优秀员工评选中，我们特意为各海外分支机构预留了属地化员工的名额，并为他们送上鲜花、奖杯和奖金。当这些优秀的海外员工站上领奖台，面对集团全体员工，用英语流利地表达出自己内心的真情实感时，脸上露出了独特的获得感和自豪感。那种由内而外的喜悦感染了在场的每一个人，让所有人都为之动容。

这种被肯定和被看见的力量是无比巨大的，它激励着员工不断前行，也是源源不断、生生不息的动力源泉。我更加坚信，只有真正关心员工、尊重员工的付出，才能激发出他们最大的潜能和创造力。

爱在坦桑尼亚（Love in Tanzania）

2017 年，思锐物流有幸邀请了桂老师为我们精心策划了一年的培训活动，主题为"用生命影响生命"，分别在青岛、深圳和天津三个城市举办。

后来，还在非洲坦桑尼亚增加了一场培训，主题定为"Love in Tanzania（爱在坦桑尼亚）"。那是一个夏天，我们在中国选拔了一批优秀员工，包括人力资源负责人,与桂老师一同前往坦桑尼亚。

第一天,我首先用英文进行了激情昂扬的启动仪式,然后引导所有员工深入探索和认识自己的内在潜力,鼓励他们画出自己对于未来的美好憧憬。有人画的是一辆豪华轿车,有人画的是一座房子,有人画的是一艘游艇,有人画了温馨美好的家庭成员。由此可见,人类对于幸福生活的追求都是一样的,无关乎肤色、地域,更无关乎宗教信仰。

第二天,我们和当地的几位经理一起前往隔海相望的桑给巴尔岛。坦桑尼亚这个国家由坦噶尼喀(大陆)和桑给巴尔(海岛)两部分组成,所以前往桑给巴尔岛需要办理签证。

我们一行人入住了岛上的五星级酒店,然后兴高采烈地来到海边的沙滩上继续进行团建活动。在金色的沙滩上,我们一起玩游戏、分享梦想,更深入地了解彼此。夜晚,我们围坐在自助烧烤炉旁,畅饮啤酒,载歌载舞,交流着彼此的喜怒哀乐,欢声笑语此起彼伏。

在那个温馨的时刻,当地的几位经理纷纷过来和我碰杯,主动说起自己的家庭和对未来的畅想。每个人都流露出深深的感慨,表示作为坦桑尼亚人却从来没有到过桑给巴尔,更从来不敢奢望有一天能入住五星级酒店。公司提供这样的待遇,远远超出了他们的预期,让他们在惊喜之余也心怀感激。他们感受到了这种被捧在手心呵护的感觉,也感受到了公司对他们的重视和尊重。

我想,这就是"以心换心"经营理念所体现出来的力量吧。我们尊重每一个人、每一种风俗、每一种文化,然后再激发他们内在的斗志和对美好生活的渴求。这应该是每一个跨国经营的管理者或领导者应该具备的基本信念。

如今的非洲大区总经理是一位拥有11年工龄的高管,他已经在非洲工作了17年。坦桑尼亚的国家经理是一位1994年出生的年轻人。他们带领坦桑尼亚50多人的团队进行头脑风暴,用集体智慧总结出了一个口号:"Together, We

Can!"（在一起，我们可以创造奇迹！）。这是来自海外属地化员工最有力量的呐喊，也是他们最美好的心愿。

▍在印尼，为印尼（In Indo, for Indo）

印尼岛屿众多，而客户的项目大多分布在不同的岛屿上。因此，我们常常需要外派员工到项目现场进行服务。每次员工经过"海陆空"的长途出差回来后，都会大病一场，或者因为无法忍受高强度的出差而选择离职。我们对此感到十分痛苦，但束手无策。我们能做的，就是加强慰问、加强防护，并更加努力地工作，希望能为当地的员工带来更好的经济效益，从而改善他们的生活。

记得有一次我去印尼出差，与 Pak Budi 进行了深入的交流。他坦诚地说出了当地员工的一些感受。他们中的部分人觉得中方员工对待他们不是很友好。

一直以来，我都认为我们的高管团队都是非常国际化的，而且都具备高尚的品格和良好的道德，不太相信会让当地的员工有这样的感受。我马上进行了反思，出现了这样的事情，只能说明我们做错了什么。也许不是在态度上或者思想上，更多是在我们的日常沟通和薪酬体系上出了问题。经过深入调研，我们发现主要是薪酬体系上出现了问题。我们照搬了中国企业的经验，而人力资源部门也没有帮助印尼公司因地制宜地制定符合当地的人力资源体系和绩效制度。

认识到错误之后，我们立即进行了调整，借助 Pak Budi 丰富的当地管理经验，制定了适合印尼的薪酬制度和绩效制度。

"在印尼，为印尼。"这绝对不应该成为一句空话，而应该是我们实实在在的长久战略。凡事反求诸己，这是我们今天走向全球的法宝。

我的觉察和思考

关于跨文化管理，我深刻体会到，管理者所起到的作用是相当巨大的。管理者不仅是团队的引领者，更是跨文化融合中的桥梁与纽带。因此，他们必须具备全球化的视野，能够从宏观角度审视和把握跨文化管理的复杂性。

在跨文化管理的实践中，最容易出现的问题就是文化冲突。作为管理者，应及时介入，以公正、公平的态度进行协调和处理，及时化解矛盾，避免问题进一步激化。当文化冲突需要从系统上解决时，管理者需要具备前瞻性和战略眼光，尽快构建和完善相应的制度机制。

同时，尊重差异、包容差异、理解差异也是至关重要的。在不同的文化背景下，人们的思维方式、行为模式、价值观念都可能存在巨大差异。管理者需要深入了解这些差异，建立共同的目标和愿景，让不同文化背景的员工都能够看到自身的价值和努力的方向，从而激发他们的工作热情和积极性。同时，企业也需要建立独特的属地化竞争力，真正融入当地的文化和环境中，实现从"走出去"到"走进去"，再到最终"走上去"的跨越，成为当地真正的一流企业。

03 用"爱"温暖人心

爱，需要说出来，更需要做出来，才能更好地在世间传递和延续。

爱，是人间最为伟大的力量。它不仅能让我们的生命变得更加丰盛且富有意义，更以其独特的魅力，激发出无限的创造力和可能性，创造出无数美好的奇迹。

稻盛和夫先生在拯救日本航空公司的过程中，正是运用了"敬天爱人"的思想，反复召开各级干部和员工的学习会，向大家阐述"敬天爱人"的思想和精髓，鼓励大家将对客户的关爱和尊重融入服务的每一个细节中。这种思想，改变了员工的心态，更提升了团队的战斗力。

爱，不仅需要通过语言表达出来，更需要通过行动体现出来，才能更好地在世间传递和延续。在管理企业的过程中，我也一直将爱融入工作中。

"六一"儿童节

2021年5月24日，我坐在公司总部（上海）的办公室里，给思锐集团全体海外员工的孩子们书写"六一"儿童节的贺卡。

窗外，明媚的阳光照在波光粼粼的黄浦江上。江水奔腾不息，一路向前，最终汇入辽阔的大海。这让我想到了祖国那些在阳光下茁壮成长的孩子们，他们是否能理解自己父母远在海外工作的意义？如果不能，谁来告诉他们？他们刚刚开始认识这个世界，世界观和人生观尚未形成，我们是否有责任用爱的方式告诉他们？

父母对孩子的爱，是天然的无私奉献。社会或者企业对孩子的爱，同样重要，同样温暖人心。比如，我代表企业书写祝福卡片，赠送爱心礼物，或者在他们的父母回国时，邀请全家一起共进晚餐，这些都是爱的表达。

这种来自社会的爱，体现了人类的善良和关怀，能让孩子们感受到除了父母之爱以外，还有更为广阔的善意围绕和指引着他们，帮助他们更好地面对生活，培养积极向上的阳光心态，也帮助他们成为有爱心、有责任感的社会人，让这样的爱得以延续和传递。

一生所求，不过温暖和爱。我希望孩子们能在童年时就深刻体验到这些。我认真地再读了一次贺卡上的内容，然后签下了自己的名字。

宝贝：

你因好奇生而勇敢，

父母因你而无所畏惧。

我们感谢你在外披荆斩棘的父母，

因为他们的坚守，

我们才能随时传递爱和幸福。

小小的你总有一天，

也会走出自己的路。

我期待看着你从羽翼未丰的小雏鸟

长成展翅雄鹰。

亲爱的小孩，

儿童节快乐！

海上生明月　天涯共此时

自从成立了海外分公司，我也曾在海外度过好几个元宵节和中秋节。

2014年，我先去南非开普敦参加了一场董事会。会议结束后，包括CJL的韩国董事在内，共五位董事会成员一起飞往坦桑尼亚，和当地的中方员工共同庆祝元宵佳节。那个夜晚，大家欢声笑语，畅饮美酒，气氛高涨，让我感受到了员工们对于在海外工作的信心和激情。

2015年，我前往印尼巴厘岛开会，那天恰逢中秋节。我特意带上当时外派印尼的中方员工，希望他能更好地拓展当地的人际资源。当天晚上，我们一起共进晚餐。在深入沟通后，我才了解到他及其他中方员工在海外工作的孤独、寂寞和挑战，尤其是孤身一人前往遥远的区域执行项目的同事们，面对的重重困难和挑战，是常人难以想象的。

2023年，杨三角企业家联盟（YCA）去印尼考察，结束后的第二天刚好是中秋节。我邀请杨教授、师母以及几位留下的校友与印尼公司的中方员工们一起庆祝中秋。我们前往雅加达最好的海鲜火锅店，围坐在热气腾腾的火锅旁，喝着啤酒畅谈人生和海外经历。这样的庆祝方式，虽简单却充满温情，为每个人带去了美好的中秋祝福。

我认识的某工程公司的领导们，每年的春节都会派总经理和副总经理前往不同国家的项目现场，和当地外派的中国同事们一起共度佳节。他们身体力行地告诉海外同事，他们是被爱着的、被关心着的、被深深记挂着的。这是一种爱的表达。

海上生明月，天涯共此时。在海外度过的节日，也是生命中一段丰富的经历。

在非洲度过的节日

2023年3月8日,我在坦桑尼亚度过了难忘的三八国际妇女节。

坦桑尼亚当地的团队成员共有50多人,其中20多位是女性。为了庆祝这个特别的日子,年轻的管理者们提前为这20多位女同事定制了漂亮的花裙子,并在节日当天送给了她们。女同事们激动不已,惊喜得尖叫起来。她们兴奋地穿上新裙子,美美地拍照留念,甚至在办公室里载歌载舞,尽情地狂欢,表达着内心的兴奋和幸福。虽然裙子的成本不高,但让她们感受到了公司的用心和管理者对她们的深深关爱。

2019年,我在肯尼亚陪当地员工度过了一个温馨的圣诞节。当时,我们在内罗毕有两家"小米之家"专卖店。圣诞节当天晚上,我邀请当地员工共进晚餐,并为他们每人准备了一份小米生态链的产品作为礼物。当我把礼物递到他们手中时,让我深受感动的是,他们竟然也给我准备了礼物(肯尼亚总共有四个小团队,每个团队都凑钱购买了具有肯尼亚特色的不同礼物送给我)。其中一个小团队赠送的是马赛人独有的红黑相间的床单布料,我当场展开这款布料,将其披在了身上。那一刻,我感觉充满了自豪和骄傲。

精神健康

在思锐大学的《总裁开讲啦》课程中,我每个月会通过云端与全体员工分享。这不仅是知识的传递,更是心灵的交流,让我感受到温暖和爱的流淌。尤其是关于《精神健康讲记》的分享,我倾注了很多时间和精力提前认真准备讲稿,因为我希望给大家提供一个健康解决方案。

有些员工因为焦虑而导致失眠，甚至引发更严重的健康问题。我看在眼里，疼在心里，却苦于自己不是医生无法解决他们的困扰。当我读完李辛老师的《精神健康讲记》后，许多疑惑迎刃而解，我决定利用三个月的时间，给大家分享。

我本可以让员工们自己去看书，但是，我希望可以结合自己的亲身经历来进行全方位讲解，这样才能最好地帮助到大家。

人，只有了解了自己，才能了解他人。如此，我们才能以合适的方式服务他人，与世界互动。我们在自己的"地图"上每迈出一步，都会收获一分意识的扩展，精神世界从此扩容一分；如此，我们对自己、对这个世界的了解会多一分，放松和自然自会多出一分。

我非常赞同李辛老师提到的"扩大和世界的连接"。作为一个心理学家和优秀的中医专家，李辛老师给出的不仅仅是中医角度的治病方法，更多是从精神健康的角度告诉你"防病于未然"。除了这两点外，李辛老师还提到了"爱"。

首先，照顾好自己和家人，爱自己才是爱万物的基础。同样的一棵树，如果在无障碍的空间长大，它的枝条可以伸向任何一个方向；但如果生长在一个被墙阻挡的地方，它就只能向有限的空间发展了。爱也是如此。我们必须了解，我们的父母由于成长在不同的时代背景下，他们表达爱的方式与我们可能存在差异，他们也许只会用一种方式来表达爱。所以，我们和父母的交流很重要。

深度的交流也是一种爱的表达。即使在交流中伴随着过去的恐惧和愤怒，但是，这何尝不是一种情绪的释放？只要彼此愿意毫无保留地表达，就更能理解彼此。那些自始至终无条件爱我们的人，是我们在这个人世间最大的温柔和底气。而父母，就是我们的温柔和底气。

其次，要和这个世界建立连接，去爱这个世间的万事万物。这意味着我们要超越个人和小家庭的范畴，将爱心扩展到更广阔的社会和自然环境中。有些人、有些事，即使远在千里之外，我们也可以学会祈福并送出祝福。实际上，爱就是如此开始的。能够去爱和被爱，就是最大的幸福。

▌我的觉察和思考

爱，是理解与尊重；爱，是鼓励与信任；爱，是关怀与帮助；爱，是认可与赞美。

在企业经营的漫长征途中，爱是助力腾飞的翅膀。对于每一位管理者而言，如何更好地关爱员工，是一门至关重要的课题。用爱去经营企业，用爱去对待员工，即便是职场培训也是爱的流淌，即便是严厉批评也是心怀爱意。让企业成为一个充满爱的所在，自然能让员工成为爱的纽带和载体，为客户、为社会创造更多的价值。

正如稻盛和夫先生所言所行，一生所求不过是真诚与良善。"作为人，何为正确？"这也许是所有企业家都应该在心底扪心自问的问题。

初心不忘，方得始终。永远不要因为走得太远而忘记了自己为何出发，这样才算没有白白度过此生。愿你我出走半生，归来仍是少年。

04 跨越肤色和地域的大爱

意大利经济学家 V. 帕累托先生提出的"帕累托最优"概念，指的是社会资源的使用达到最有效率的程度。在这种状态下，假定存在固有的一群人和可分配的资源，如果从一种分配状态转变到另一种分配状态，且这种变化没有使任何人的境况变坏，同时至少使一个人的境况变得更好。

要达到这种最理想的分配状态，唯有通过"利他"才能实现。利他，就像水一样，能自然而然地将资源引导到低洼之处。正如老子所言："上善若水，水善利万物而不争，处众人之所恶，故几于道。"这才是真正的善。因此，善的本质就是利他。

在经营企业的过程中，我接触了许多的人和事。其中，最为触动我内心的，莫过于慈善事业。自古以来，慈善精神便是人类的高级追求。慈，意味着"慈爱与和善"，它体现了对人的关怀和同情心；善，则是"善良"，代表品质或言行的优良，有利于他人的行为便是善行。

善行，不仅仅体现在思想和语言表达上，更重要的是要身体力行，真正地去关爱他人，为这个世界增添一份温暖。而善经济，正是从利他的角度出发来从事经济活动。

▌爱是人间最好的良药

2022 年，我们成功地将肯尼亚的牛油果引入中国市场。这一创举不仅引起了社会各界的广泛关注，其中也包括比尔及梅琳达·盖茨基金会在非洲的工作人员。

比尔及梅琳达·盖茨基金会成立于2000年，总部设在美国西雅图，为美国50个州和哥伦比亚特区，以及全球138个国家的受助者提供支持。在非洲，该基金会主要致力于改善当地人民的健康状况，减少贫困和促进教育。这让我对这位杰出的慈善家——比尔·盖茨先生心生敬仰。然而，当时的我并不清楚如何与该基金会有效对接，如何获取他们的支持。

后来，在参加商务部研究院举办的一个关于中非农业发展的会议时，我结识了比尔及梅琳达·盖茨基金会在北京的工作人员。他们对我们在非洲农业方面的努力给予了高度评价和重视，认为这对于非洲果农具有极大的意义。作为世界上最大的消费市场之一，一旦这些优质水果能够顺利进入中国市场，非洲果农的种植规模将会迅速扩张，家庭收入也将得到显著提升。同时，这也将为当地政府带来更多的税收和外汇收入，促进当地经济的繁荣与发展。

在2023年6月于湖南长沙举办的第三届中非经贸博览会期间，得益于他们的引荐，我有幸与来自美国西雅图总部的OBI先生，以及来自南非总部的Jonathan先生进行了深入的交流。Jonathan是一位英国人，在南非工作了多年，最近两年才刚刚加入盖茨基金会工作。他热爱这份工作，因为觉得它非常有意义。

直到2023年9月，当我再次抵达南非时，我与Jonathan先生约定进行再次见面交流。在这次会面中，我进一步了解了盖茨基金会对非洲农业支持的项目。这些项目包括支持农业研究，提供优质种子和种植技术以提高农产品产量和质量；推广节水灌溉技术，使农民能更加高效地利用水资源应对干旱问题；提供农业技术培训、建立信息共享平台；协助建立销售渠道、推动农业产业化，鼓励发展合作组织，以增强小农的市场竞争力和议价能力等。此外，该基金会还开展了如改善环境卫生、促进性别平等、支持创新和创业等项目。

他们一直在寻找合适的合作伙伴,从多个角度来提升非洲小农的生产水平,逐步帮助他们走上致富的道路。我在他的话语中清晰地看到了在非洲农业事业上的蓝图和规划。

Jonathan 先生还向我询问了关于女性就业以及后续在技术支持方面的计划。作为一名女性,我坚定支持女性就业和创业。我们曾经外派一位女同事前往摩洛哥考察,她回来后向我们介绍了摩洛哥的阿甘油(被誉为美容界的"液体黄金"的天然润肤精华油),价格非常昂贵。其原料来自阿甘树的坚果,由当地女性采用传统手工压榨的方式制成。这为当地女性带来了可观的经济收入。

我一直倡导女性就业,因为女性是家庭的核心。孩子的格局和认知,很大程度上取决于母亲的格局和认知。一位受过教育的母亲,更有可能让子女接受更好的教育,尤其是重要的家庭教育;一位有经济来源的母亲,可以更好地支持孩子,尤其是让女孩子走进学校;一个让女性更加独立、更有思想的社会,才会是一个生生不息、不断向前发展的社会。

和非洲孩子在一起

Jonathan 先生听完我的观点后，非常激动并称赞道"这就是广大非洲女性目前所需要的宣言"。非洲的未来在于年轻人，而年轻人的根基在于他们的母亲。那一刻，我深刻地意识到在非洲推动农业发展的重要意义。也许，这一切首先源于女性的经济独立和自立自强。

2019 年 11 月，白岩松在北京采访比尔·盖茨时提出了一个问题："这个世界会好吗？"盖茨先生坚定而充满信心地说："如果回顾过去 30 年，你就会发现，我们已经取得了多大的进步。我相信，未来的世界会变得更好！"

这也许就是盖茨先生在非洲多年如一日地持续做公益背后的信念所在吧。他对非洲的大爱，让我想到了一句话："爱是人间最好的良药。"今天的非洲依旧贫穷落后，如何才能让更多的人富起来，或许正需要我们这种跨越肤色和地域的大爱。

▋苦难的人走不出来，有福的人走进去

2019 年 3 月，一场百年一遇的飓风突袭了莫桑比克的贝拉地区，造成了巨大的破坏。不计其数的房屋被摧毁，基础设施遭受重创，水、电和通信全部中断。我们的仓库也未能幸免，屋顶被狂风卷走，不知所终。而我们在当地的员工也一度失联。

一天下午，天气温暖明媚，我突然接到了一通来自某大学校董的电话。他跟我说，通过一位朋友获得了我的联系方式，受人之托，希望找到一家熟悉莫桑比克的物流公司，帮助慈济慈善事业基金会（下简称慈济基金会）将救助物资运输到贝拉。他有些犹豫地问我是否愿意伸出援手。

慈济基金会是一个在全球范围内拥有广泛影响力的慈善组织，其志愿者网络遍布 99 个国家，人数达到惊人的 1 000 万。在中国 5·12 大地震和东南亚海

啸等艰难时刻，慈济基金会的志愿者们积极为受灾地区提供救援物资，帮助受灾群众重建家园。

听到这个请求，我毫不犹豫地答应了，心中甚至涌起一股感恩之情。这是一个非常难得的机会，让我能够回馈非洲这片土地。

我们为慈济基金会提供了物流服务，并且把贝拉的仓库借给他们作为临时住所。他们派出了30多名志愿者，其中年龄最大的已经73岁。他们带着帐篷，晚上就睡在那个被风刮走屋顶的仓库的水泥地面上。

他们在莫桑比克停留了一个多月，不仅带去了纯净水、药品、大米、衣服和床垫等救援物资，更重要的是他们每天为灾民做饭，确保他们能吃上饭；他们搭建了临时诊所，对受伤的人进行救助；在救援的最后阶段，他们组织当地人，教他们更好的生存方法。

后来，慈济基金会向我表示感谢，并邀请我去参观他们的大爱感恩科技。那次见面，给我留下了难以忘怀的记忆。我看到许多志愿者把捡来的报纸和书本一点点裁剪好，加工成不同的原料；他们把回收的塑料袋和塑料瓶洗净后打碎，抽离出比头发丝更细的丝线，然后用机器编织成毛毯、衣服，或者做成厚底鞋、背包和头灯等；最后，他们再把这些由高科技"魔法"变出来的救灾物资发给灾区的人们，让他们免受凄风冷雨。这样的科技创新，就是"大爱"。

▍我的觉察和思考

一个组织的领导者，应当引导组织朝着善良、正确的方向发展，以身作则，营造一个良好的生态，让善的经济循环得以持续。这与我们常常谈论的企业社会责任（CSR）和企业在环境、社会和治理方面的表现（ESG）理念不谋而合。企业在追求利润的同时，更应关注人的价值，强调对环境和社会作出贡献。

　　作为企业家，我们应当清楚生命中最重要的投资是什么。只有将企业的成功与人生的成功相统一，才能实现真正的双赢。只有坚持"利他"原则和"善"的行为，我们才能建立起组织领导者与员工之间的信任。这样，我们的企业发展才会变得越来越好。

小指南

人才管理是企业管理中的重要一环,特别是在海外属地化的团队管理,管理者需要有更多的思考。这里提供几条经验:

1. **培养同理心和爱**:营造一个开放、友爱、和谐的工作环境,让每位员工都能感到温暖和被尊重;通过实际行动表达对员工的关怀,如书写贺卡、共进晚餐等,传递企业的关爱。

2. **跨文化管理**:培养具有跨文化敏感性和适应能力的管理团队,以利他和敬畏之心建设属地化组织;关注员工的工作与生活平衡,尤其是对于有家庭责任的员工;保持与员工的持续沟通,了解他们的想法和反馈,及时解决问题。

3. **本土化管理**:招聘熟悉当地市场的本土人才,减少文化隔阂;选拔和培养本土化的优秀员工,以更好地理解和管理当地团队;进行长期规划,确保海外属地化团队的持续发展和企业的国际化战略实施;定期进行海外员工和中国总部员工的双向交流。

4. **激励机制**:建立公正、透明的绩效评估体系;认可员工的贡献和成就,通过奖励和公开表扬来增强员工的成就感和荣誉感;建立完善的海外培训课程体系,针对当地员工进行系统而深度的培训,提高当地员工参与培训的积极性;为员工提供清晰的职业发展路径和机会,增强员工的归属感和忠诚度。

5. **社会责任和善经济**:倡导和支持女性就业和创业,提升女性在家庭和社会中的地位;企业在追求经济效益的同时,也要关注社会和环境的可持续发展,从利他角度从事经济活动。

第4章

达成关键合作的艺术
如蓝色般具有表达与创造力

蓝色,一种深邃而广阔的色彩,象征着表达与创造力。在商业世界中,它是达成关键合作的艺术色彩。

表达,如同蓝色的清澈与明晰。有效的沟通能够消除误解,让双方的意图和期望得以准确传达。在合作的洽谈中,我们需要用精准且富有魅力的语言来阐述自身的优势和价值,同时倾听对方的需求和关注点,这样才能实现共赢。

而创造力,则是合作中的点睛之笔。它能帮助我们跳出传统思维的框架,为合作方案注入新颖的元素;以独特的视角发现潜在的合作机会,设计出与众不同的合作模式,从而吸引对方,激发其合作的兴趣和热情。

蓝色的力量,如同为合作开启了一扇通往成功的大门。

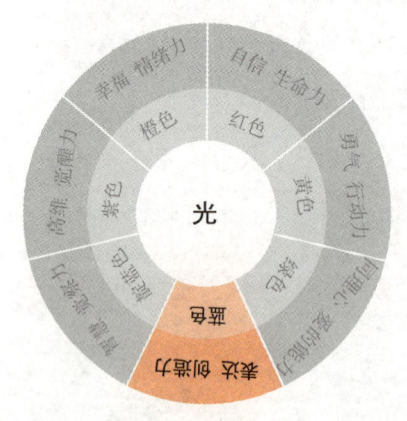

01 那些指引我前行的企业教练们

国际教练联合会（International Coach Federation，简称 ICF）将教练定义为一种协作伙伴关系，通过持续的流程助力实现目标。

教练技术的核心在于帮助被教练者洞察自我、发挥个人潜能，并有效地激发团队力量，提升企业生产力。其英文"COACH"一词，就深刻揭示了教练的本质——中正（center）、开放（open）、觉知（aware）、连接（connect）以及抱持（hold）。

在充满挑战与机遇的跨国创业历程中，我有幸遇到了一群优秀的企业教练。在长期的支持和陪伴下，我与这些教练们建立了深厚的连接和信任。他们不仅指引和启发我前行，帮助我解决眼前的问题，更赋予了我攀登高峰的勇气和力量，推动我实现了持续的发展与成长。

杨国安教授：灯塔精神

第一次遇见杨国安教授，是在中欧国际工商学院的《人力资源管理》课堂上。

他穿着一套米色的西装，从容地走进教室。他的头发乌黑且梳理得整整齐齐，鼻梁上挂着一副精致的黑框眼镜，浑身散发着儒雅的学者气质。当他开口讲话时，略带口音的普通话让我不禁微微一笑。但很快，我就被他精彩的授课和渊博的知识所征服。

杨教授的课程，既有理论的深度，又有实践的广度。他提出，企业要想获得持续成功，就必须同时具备战略和组织能力。换句话说，企业成功等于战略×组织能力。战略目标决定组织能力，不同的战略目标需要不同的组织能力来支撑。而组织能力的构建，又离不开三个关键要素：员工能力、员工思维模式和员工治理方式。这三个要素，共同构成了著名的"杨三角"框架。

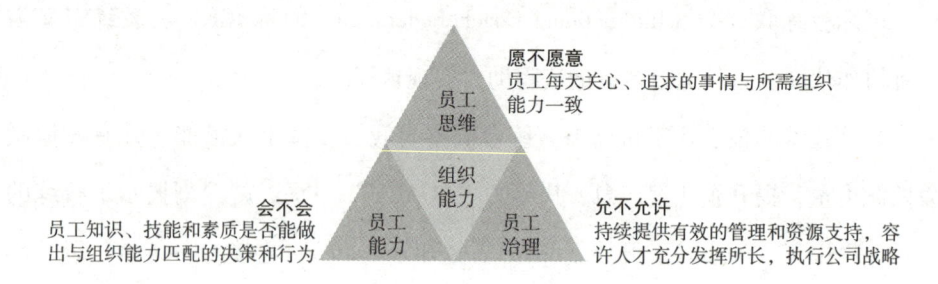

愿不愿意：员工每天关心、追求的事情与所需组织能力一致

会不会：员工知识、技能和素质是否能做出与组织能力匹配的决策和行为

允不允许：持续提供有效的管理和资源支持，容许人才充分发挥所长，执行公司战略

（员工思维、员工能力、员工治理 — 组织能力）

杨三角模型

关于如何制定企业的战略，杨教授提出从三个角度出发：客户端、地区端、业务端，寻找未来五年最重要的获利增长空间。这个理论让我受益匪浅，并应用在实际的工作中。

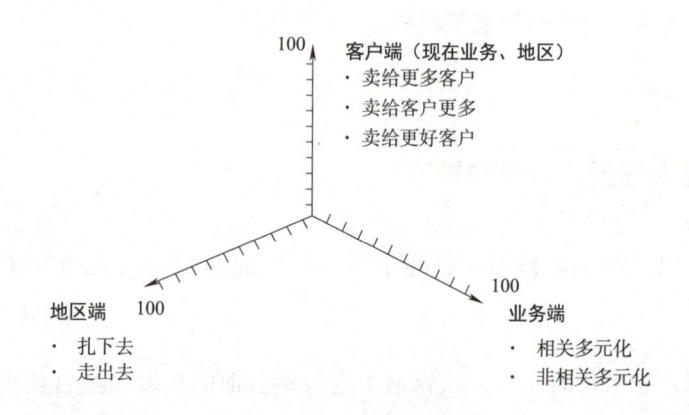

客户端（现在业务、地区）
- 卖给更多客户
- 卖给客户更多
- 卖给更好客户

地区端
- 扎下去
- 走出去

业务端
- 相关多元化
- 非相关多元化

企业增长的战略方向

在那四天密集的课程中，我才深入地了解了杨国安教授丰富的人生历程和卓越的学术成就。他不仅是一位享誉全球的商业管理专家，在组织能力建设、

组织变革和转型、全球化管理以及战略人力资源管理等领域有着深入的研究和丰富的实践经验，而且对祖国有着深厚的情感。他出生于中国香港，毕业于美国密歇根大学，放弃了美国安逸的教授生活，选择回国教学。2008年，他加入腾讯集团，担任腾讯集团的高级管理顾问，后来还兼任青腾大学的教务长职位。

杨国安教授的理论，宛如构建企业大厦的稳固基石。他的理论让我深刻理解了组织能力、组织架构和运营管理在企业治理中的重要意义；指导我如何构建组织能力，如何在不同国家设立合适的分支机构，以及如何协调各部门之间的工作，以确保整个企业系统的高效运转；让我在面对不同国家的法律法规、文化习俗和商业环境时，都能构建起适应性强且富有活力的企业架构，并建设高效的组织能力。

从中欧国际工商学院毕业后，我加入了由杨教授领导的杨三角企业家联盟，对杨国安教授以及他的杨三角理论有了更全面和深刻的理解。在这个联盟中，杨教授积极倡导会员要进行"修身、齐家、治企、助天下"四个方面的提升，利他利己，成为更幸福和更受尊敬的企业家。这个行动也被称为"灯塔行动"。

修身：照顾自己身心灵的需要；

齐家：用心经营家庭，关心配偶、儿女、家人；

治企：以积极正面的理念对待高管、员工、客户、供应商与社会相关利益者；

助天下：促进健康的中国营商环境与社会公益事业。

杨教授希望每一位会员都能成为一个灯塔，不仅照亮自己，还能温暖他人，提升组织能力，传承灯塔精神，传播社会正能量。这样的理念，可以说是现代商学院管理学教授对古人"修身、齐家、治国、平天下"思想的最好实践应用。而杨教授，自然而然地成为我人生的灯塔。

在杨教授的引领下，中欧杨三角的校友们每年都有机会跟随他到国内外游学，足迹遍布美国、德国、法国、日本、印度、印尼和以色列等国家。这些游学经历不仅拓宽了我们的视野，还提升了我们的格局。此外，杨教授还带领我们拜访名企和名师，每一次的交流和学习都是对自我认知的深化和提升。

杨教授和师母培养了两个非常优秀的孩子，这不仅是他个人的骄傲，也是他教育理念的生动体现。我的儿子早在大学时就加入了杨教授和师母一起成立的杨三角新生代学习联盟（YOLO+），并且在其中得到了快速成长。作为母亲，我心生欢喜，也心怀感恩。

近两年来，杨教授频繁地与我们探讨人生的意义和价值。在2023年底的重庆年度总结会议上，杨教授再次回顾了自己刚回国开启事业的过程，分享了自己的初心、使命和人生价值。同时，他向我们推荐了《人生下半场》这本书，并引用了书中的一段话，对我们启发很大："面对未来的不确定性，我们需要做到三点：第一，有平静的心去拥抱无法改变的事情；第二，有勇气去改变能够改变的事情；第三，有智慧去分辨哪些是能改变的、哪些是不能改变的。"

杨教授建议我们认真、深刻地思考如何过好人生的下半场，鼓励我们去攀登一座又一座不同的人生高峰。

杨教授的研究成果被广泛应用于企业管理实践中，帮助企业提升组织能力。2020年，杨国安教授被《时尚先生》评为"年度商业思想家"，是中欧国际工商学院最高终身教学奖"中欧名师奖"的获奖者之一。杨教授出版了十多本书，包括《组织能力的杨三角》《变革的基因》《组织革新》《数智革新》《问道前沿》《数实融合》《全球化之路》等，发表了多篇论文。

拉姆·查兰教授：求胜于未知

第一次见到拉姆·查兰教授是2017年在斯坦福大学的课堂上。

拉姆·查兰教授——1939年出生于印度北部的一个小镇,是全球著名的管理咨询大师和畅销书作家。他一生未婚,把毕生精力都奉献给了事业。40多年来,他为全球顶级企业及其领导人提供管理咨询服务,被誉为"当代德鲁克"。杰克·韦尔奇先生曾经这样评价他:"他有一种罕见的能力,能够从无意义的事情中提炼出意义的内容,并且以平静和有效的方式传递给他人。"

在那次课堂上,拉姆·查兰教授深刻地阐述了未来科技,特别是算法和传感器,将会给社会带来巨大的变革。那是我首次接触到这些概念。午餐时,我有幸坐在教授身旁,尽管我渴望就上午的授课内容与他深入交流,却发现自己对这些新知识理解尚浅,无法参与对话,只能倾听杨国安教授与他的交谈。

再次见到拉姆·查兰教授是在上海,他应杨国安教授的邀请出席了杨三角企业家学习联盟的年会。年会的第一天是公开讲座,面向所有对商业创新感兴趣的人士;而第二天则是仅限会员参加的内部闭门会议。

在这次会议上,拉姆·查兰教授更加详尽且具体地介绍了算法在未来各行各业中的应用场景,并进行了深入探讨。来自不同领域的会员们积极提问,展现出了对新技术的好奇心和兴奋感。拉姆·查兰教授坐在会场讲台的椅子上,回答会员们提出的每一个问题,并在最后组织了小组讨论,让我们能够深入探讨算法对各自行业未来发展的影响。

经过与拉姆·查兰教授的两次深入交流,我对算法和数字化有了深刻的理解。这让我想起了他的一本著作《求胜于未知》。在再后来的工作中,我时常提醒自己,在这个充满不确定性的时代,如何把握机遇,应对挑战,做到"求胜于未知"。

再后来,我深入研读了拉姆·查兰教授的一系列著作,包括《CEO说》《卓有成效的领导者》《游戏颠覆者》《人才管理大师》《高管路径》《领导梯队》以及《执行》等。我感慨,拉姆·查兰教授确为一位具备深远洞察力的战略大师，他的理念和见解让我深切体会到，在企业的发展历程中，一个清晰且具有前瞻性的战略布局是何等重要。

近五年间，随着数字化在全球范围内的迅猛发展，我已学会运用拉姆·查兰教授的智慧，对不同国家和地区的市场特点、竞争态势以及客户需求进行深入分析，从而精准地制定出适应多元环境的战略规划。这使我能够在复杂多变的国际市场中找到明确的前进方向，并有条不紊地拓展业务。

戴维·尤利奇教授：以"不变"应万变

戴维·尤利奇教授，是美国密歇根大学的杰出教授，被誉为人力资源管理学的开创者及"现代人力资源之父"，在全球人力资源管理领域享有极高的声誉。我有幸两次与戴维·尤利奇教授见面，这都得益于杨三角学习联盟。

戴维·尤利奇教授是我在人力资源领域的指路明灯，他让我深刻认识到团队建设是企业发展的核心关键，而人力资源部门应成为企业的战略伙伴，积极参与企业的战略规划和决策。他教会了我如何推动人力资源管理的转型，如何关注组织能力和领导力，并启发我如何识别和选拔具有国际视野和跨文化沟通能力的优秀人才，以及如何构建一个能够高效协作、优势互补的团队。通过他的指导，我学会了制定科学合理的激励机制和人才培养计划，使团队成员能够充分发挥自身潜力，为跨国业务的推进提供坚实的人力保障。

在2023年杨三角学习联盟的年度会议上，戴维·尤利奇教授作为特邀嘉宾，为我们带来了一场思想的盛宴。他花费一整天的时间为我们做了题为"VUCA时代企业最重要的是什么"的重要讲座，从环境、人力资源以及企业家自我突破等多个维度进行了深入的探讨，向我们传达了一个核心理念：用"不变"来应对这个瞬息万变、难以预测、颠覆创新的时代。而这些"不变"的因素，就是未来确定会发生的趋势，它们能够帮助企业穿透行业周期，实现长远发展。例如人工智能（AI）、绿色低碳、有条件的全球化等，这些都是企业在未来需要重点关注和把握的领域。

年会结束后，我提炼总结了戴维·尤利奇教授的内容，并利用两个晚上的时间向公司的高管进行了分享，还与各位高管进行了深入的讨论。这样，我们能够更好地面向未来，更深刻地理解人力资源战略对企业未来发展的重要性，从而找到更好的落地执行策略。

康志军老师：做正确的事情

康志军老师作为彼得·德鲁克的研究专家，同时也是纪念彼得·德鲁克翻译基金的发起人，拥有长达21年的高管实践与咨询经验，并担任多家企业的董事长顾问，是一位既务实又干练的问题解决专家。

我与康老师的相识是在领教工坊的课堂上。他娓娓道来的授课风格让我感觉如沐春风，收获颇丰。趁着夏季的半年管理层会议之际，我特邀他来到上海，为我们的管理层进行了半天的培训。培训效果出乎意料的好，大家都觉得半天的时间远远不够。因此，半年后，我再次邀请康老师莅临上海。当时，康老师刚刚经历了一场严重的流感，身体尚在康复中，但他依然毫不犹豫地接受了邀请，戴着口罩，声情并茂地为我们上了一整天的课。

在培训中，康老师重点阐述了如何成为一个卓有成效的管理者。他强调，管理者需要转变思维，从"正确地做事"提升到"做正确的事情"，同时要向上担责，向下奉献。他还介绍了卓有成效的五个习惯：要事优先、善用时间、有效决策、重视贡献以及扬人之长。他强调，成果永远在组织的外部，组织唯一的目的就是"创造客户价值"。

此外，康老师还传授了我们在实际运营中应对各种挑战和困境的策略与方法。无论是面对市场波动、供应链难题还是突发的危机事件，他都教导我们要学会保持冷静，深入分析问题的本质，然后迅速制定并执行切实可行的解决方案。

康老师还分享了德鲁克先生对于高管的宝贵建议：高管需要在组织外部找到可信赖的朋友，这些朋友能帮助他们看到组织中看不清楚的地方，并给出客观公正的评价，从而辅助高管制定更多高质量的决策方案。

让我感到意外的是，培训结束后的第二天，一位性格内向的中层干部找到了我。他先是深深地鞠了一躬，然后畅谈了自己对"建立关系和信任"的深刻理解，以及他准备如何在后续工作中与团队成员以及跨部门同事建立更加紧密的关系和信任。他的坦诚和决心让我感到既惊喜又触动。那一刻，我突然明白了，一位优秀的企业教练能够给管理团队带来多么深刻的心理触动，能够让他们从思想的深处发生积极而深远的变化。

也许，这正是高管教练的重要性所在，也是德鲁克思想在现实工作中熠熠发光的真实体现。德鲁克先生无疑是一位伟大的先知，他的思想如此高瞻远瞩、高屋建瓴，让多少年后的我们在今天依旧能够从中受益匪浅。

孙振耀教练：领导风格

孙振耀教练，惠普前全球副总裁，自1991年起便在中国工作，于2000年荣升惠普中国区总裁。在他的积极推动下，"全面客户体验"策略得以在国内实施，为客户提供更为全面和优质的产品与服务。正是在他的卓越领导下，惠普中国实现了前所未有的高速增长。

2019年，我有幸加入了领教工坊，成为孙教练带领的小组的一员。孙教练无私地将自己在企业实战中积累的丰富经验和卓越的领导智慧传授给我们，成为我领导力提升道路上的重要导师。

在孙教练辅导我们开私董会的过程中，我深入学习了许多管理之道和用人之策。特别是在探寻企业可持续发展的增长密码时，孙老师推荐了16字真言"爱才如命、挥金如土、杀人如麻、热爱如痴"。这16字真言，字字珠玑，让我受益匪浅。

"爱才如命"是指遇到优秀的人才时，我们应该两眼放光，礼遇有加，珍惜每一个才华横溢的个体。

"挥金如土"是告诫我们要不惜重金去培养人才、吸引人才，因为优秀的人才是企业最宝贵的财富。

"杀人如麻"并非字面意义上的残忍，而是强调在面对不合适的人选时，我们要有果断决策的勇气，敢于让他们离开，以保持团队的活力和效率。

"热爱如痴"是要求我们对自己的事业要发自内心地热爱和坚定，只有这样，我们才能在面对挑战和困难时保持不屈不挠的精神。

除此之外，孙教练还以他独特的洞察力，指导我作为一名女性创业者，在领导跨国团队工作时应该如何展现坚定的信念、包容的胸怀和卓越的沟通能力。他教我如何在不同文化背景的团队中建立信任和凝聚力，如何激励团队成员共同为目标而奋斗。在孙教练的悉心指引下，我不断完善自己的领导风格，带领团队在国际舞台上披荆斩棘，不断取得新的突破。

刘润老师：进化的力量

2021年，我有幸接受了刘润老师的采访。当时，他正紧锣密鼓地准备"进化的力量"跨年演讲。得知这一消息后，正在读大学的儿子对我表现出了极度的崇拜。那一刻，我才意识到刘润老师在儿子心目中占有很重要的地位。从那以后，儿子时常向我推荐刘润老师的《五分钟商学院》课程。

刘润老师以其对商业逻辑的深刻洞察和专业的分析能力在业界著称。他不仅对市场趋势有着精准的把握，更擅长通过自己的专业知识帮助创业者清晰地洞察行业的动态和潜在的商机。在风云变幻的市场中，正是刘润老师帮我找到了正确的发展方向，让我能够在激烈的竞争中稳步前行。

在"进化的力量"跨年演讲中，刘润老师指出了几个至关重要的关键点。

首先，他强调了关注数字化趋势的重要性。在全球化的商业环境中，企业必须充分利用数字化手段来打破地域限制，实现资源和信息的高效整合，搭建起全球化的运营网络。同时，企业还要善于运用大数据分析不同国家和地区的市场需求和消费者行为特点，以便精准定位目标客户，制定更有针对性的市场策略。

其次，刘润老师注重创新能力的提升。他提出，在国际化拓展中，创新是进化的关键。企业不能简单地复制国内模式，而需要不断创新产品和服务，以适应不同市场的独特需求。同时，企业还要建立灵活的应变机制，面对国际市场的复杂变化和不确定性，能够快速调整策略，保持竞争优势。

刘润老师丰富的经验和深厚的专业知识，为创业者在管理和运营等多方面提供了极具价值的建议。他的建设让企业在内部管理上更加规范高效，激发了团队的活力和创造力，提升了整体的运营水平。

徐波教练：实践出真知

我和徐波的缘分始于中欧国际工商学院，后来我们又一同成为杨三角企业家联盟的同学。如今，他担任着浙江森马服饰股份有限公司总裁的重要职务，同时也是巴拉巴拉童装品牌的创立者，为该品牌的成长与发展倾注了大量心血。

早在十年前，徐波就怀揣着一个远大的梦想，那就是将巴拉巴拉品牌所蕴含的独特文化、价值观和理念传播到世界的每一个角落。经过不懈努力，2017年，巴拉巴拉品牌在沙特阿拉伯的首都利雅得成功开设了首家海外门店。如今，巴拉巴拉已经走进了众多国家，并且赢得了当地消费者的广泛喜爱和认可。这不仅是品牌国际化的战略布局的成果，更是品牌实现可持续发展的关键所在。徐波以其卓越的商业智慧和独特的人格魅力，不仅与国内客户和供应商建立了良好的合作关系，还与海外的合作伙伴建立了深厚的信任和强大的合作关系网。

除了是一位杰出的职业经理人，徐波还是一位热爱运动的铁人三项运动员。他每年都会参加全球性的铁人三项比赛，对于他来说，比赛的名次并不是最重要的，更重要的是在比赛中锻炼自己的心力和毅力。他还热衷于挑战自我，曾经畅游长江和黄河，参加戈壁长征和南极远征等极限运动。我曾经好奇地问他，在那些漫长而艰苦的铁人三项比赛和极地长征过程中，究竟在思考什么。他笑着回答我："在思考如何让公司的业绩做到三百亿人民币。"听到这个回答，我先是哑然失笑，但随即又对他肃然起敬。在他的热情鼓动下，我也开启了培养终身运动的习惯。

2021年，我有幸邀请他为公司全体管理人员进行了一次线上的分享，主题为"业绩是跑出来的"。在分享中，他生动又详细地讲述了自己运动的心路历程，以及如何带动同事、客户以及供应商们一起踏上运动的旅程。分享结束后，我的一位同事提问："我有时有很好的建议，但是我的领导并不认可。这种情况下，我应该怎么办呢？"他轻松幽默地回答："你要相信，你的领导有时也是个'歪瓜裂枣'。"这句话一出，大家都被他的风趣所感染，哄然大笑。我也嘿嘿一乐，心中暗自思忖，自己偶尔的确也会有些"歪瓜裂枣"的时候呢。

他是一位情商极高的沟通者，同时也是一位终身成长的学习者。在二十多年的职业生涯中，他凭借敏锐的洞察力与深刻的思考力，从实践中提炼出了宝贵的智慧。这些智慧帮助他更好地进行反思和复盘，从而形成自己独特的认知体系和管理框架。他再将这些经验和框架有效地应用到工作中，带来了显著的成效。他的这些真知灼见让我受益匪浅，因此我也特别邀请他为公司的高管团队进行培训。他基于哈里逊测评的结果为团队提供了详细的能力分析报告，并据此有针对性地开展了团体培训，同时还提供了一对一的聚焦教练服务。对于员工来说，外来的和尚会念经，更何况这位"和尚"还是一位有高度、有格局、有实践经验且非常接地气的教练。

目前，徐波正在努力转型，致力于成为一名出色的企业高管教练。近年来，我目睹了他在高管教练领域的不懈追求和取得的卓越成就，同时也见证了他在积极心理学方面的探索。他渴望将自己二十多年来积累的心得和思考，应用到更广阔的领域，惠及更多的受众群体，从而帮助更多的企业实现更快更好地成长。他曾说过："教练就是那个陪伴你攀登高峰的人，而我愿意成为一个高质量的陪伴者。"

2019 年，我有幸与杨三角企业家联盟的同学们一同跟随杨国安教授前往美国游学。在哈佛大学，我们有幸聆听了心理学教授杰森·米切尔的幸福课，这堂课让我深受启发。而徐波则结合自己学的积极心理学知识，总结提炼出了独特的"人生幸福学"课件，并在企业和校友协会中进行分享，广受好评。2024 年 3 月 9 日，借着三八国际妇女节的活动，我作为中欧女性领导力联盟的会长，邀请他来给合花会的姐妹们做了一次分享。姐妹们听后都觉得收获颇丰，幸福感满满。这样的分享，无疑是一种更高层次的教练行为，他用自己的亲身经历和理论来赋能他人，为他人带来幸福的生活理念和实践指导。

作为共同学习和运动的好朋友，我们有很多见面和共创的机会。我也经常向他吐露自己内心的焦虑和困惑，并真诚地询问他的意见和建议。而他，总能在看似随意的氛围中提出真知灼见并给出建议，让我有一种恍然大悟、酣畅淋漓的感觉。

百战归来，仍是少年。徐波身上有着一种永不褪色的青春活力。他经常说："好奇心可以让我们永葆年轻。"所以，无论走到哪里，他都会主动、真诚地与人交流。对于一个优秀的企业高管教练来说，这是一项最为重要的个人能力。

▌我的觉察和思考

这些企业教练们，虽然来自不同的领域，拥有各自独特的背景，但他们都以自己独特的方式，引领着创业者和企业向着辉煌的未来迈进，在国际化道路上稳健前行。他们帮助企业避开诸多陷阱，抓住国际化带来的机遇，实现跨越性的发展。

他们是我创业道路上最宝贵的财富，他们的教诲与支持我将永远铭记于心。在他们的悉心指导和影响下，作为创业者的我不断成长蜕变，取得了飞速的进步。在跨国业务的广阔海洋中，我勇敢地追逐着属于自己的那片天空。同时，我的企业也将不断创造新的价值，在商业舞台上绽放出更加耀眼的光芒。

未来，我将继续书写属于我的精彩篇章，不断前行，创造更多的辉煌。

02 与欧美股东合作的边界

我仍清晰地记得初次与 Rolf 和 Jurgen 见面的情形。他们给我留下了截然不同的印象，然而，正是这样两个性格迥异的人，竟然成为我的合资股东，直到他们退休。我们一起经历了无数的挑战和困难，但每一次，我们都能携手并肩，共同渡过难关。这种默契和信任，是我们合作过程中最宝贵的财富。回想起来，这确实是人生中的一段奇妙经历。

成立合资公司

Rolf Gubler（瑞士人）、Jurgen Osmos（德国人）以及一位名字以"K"为首字母的美国人（后来他离开了公司）共同创立了 KOG 公司，专注于大型设备的国际运输业务。在过去的30多年里，他们在欧美地区稳健发展，赢得了众多国际化大客户的信任，其中包括欧洲的林德集团化工有限公司（下简称林德化工）、阿西布朗勃法瑞有限公司（下简称 ABB）、普莱克斯公司和法国液化空气集团等多家公司。

我们与 KOG 公司也有多年的合作，日常都是通过邮件进行沟通，从未见过面。回想起我与 Rolf 的首次见面，那是在香港一家酒店的大堂，时间定格在2007年的春天。当时，我和两位同事在泰国参加完一个行业会议后，决定在香港稍做停留。

我刚走进酒店大堂，目光瞬间被一位高高瘦瘦的男士所吸引。他坐在大堂的沙发里，全神贯注地敲着手提电脑的键盘，仿佛整个世界都与他无关。他身着一件淡黄色的衬衣，搭配一条水洗牛仔裤，简约而不失风度。当他抬头看到我们的那一刻，脸上立刻绽放出阳光般温暖的笑容，他迅速站起身，与我握手并热情地说道："Hi, Rossella, So nice to meet you."（你好，罗塞拉，非常高兴认识你。）那一刻，我被这位稍年长的瑞士男士所散发出的魅力深深吸引。

2008年的夏天，我应Rolf的盛情邀请，与Albert一同前往印尼，参加KOG集团的合作伙伴会议。会议结束后，Rolf和Jurgen提出了一个令人兴奋的建议：他们希望与我们思锐物流的两位创始人进一步探讨，在中国共同创立一家合资公司的可能性。

多年的创业经验让Rolf和Jurgen深知，想要在中国市场取得成功必须依靠当地的专业人士进行管理和业务开拓。因此，他们诚挚地提出了与我们合作共创合资公司的愿景，共同为那些远道而来的大客户提供服务。

商谈的地点选在了印尼雅加达一家风景宜人的花园式酒店。那是一个阳光明媚的上午，我们围坐在圆桌旁，我坐在Rolf和Jurgen的中间。Jurgen详细地阐述了他们的想法以及未来在中国的发展规划，然后提出了一个提议：希望我们双方能够各占50%的股权比例。

Albert坐在那里，面无表情，似乎这个提议已经符合了他的心理预期。毕竟，这家即将成立的合资公司的业务都源于KOG集团的欧美大客户，而我们只需在中国协助他们进行本地化维护和运营。

然而，我毫不犹豫地摇头表示不同意。Jurgen好奇地询问我的意见，我坚定地回答："我们占70%，你们占30%。"话音刚落，我注意到Jurgen的脸色阴沉了下来，显然对我的提议感到不悦。他沉默片刻，然后把头转向Rolf，眼神中似乎在说："看看你自己找的潜在合作伙伴，你来处理吧。"

这时，Albert的脸上却露出了明亮的笑容，身体微微向前倾，充满好奇和期待的神情，仿佛准备看好戏一般。Rolf 敏锐地捕捉到了 Jurgen 的眼神，会意地一笑，然后转向我，非常诚恳地说："Rossella，我尊重你的意见。但是，我们 KOG 的占比是否可以提高到 35% 呢？"

我颇感意外地看向 Albert，发现他已经喜形于色，这说明这个结果远远超出了他的预期。于是，我马上点头答应了下来："好的，那就这么定了吧。"

我的话音刚落，Rolf 立刻激动地抓住我的胳膊，急切而又开心地说："那么，我们就是合资伙伴了！这是最好的合作方式了，让我们庆祝一下吧！"

那一刻，我突然领悟到，在 Rolf 的认知里，我们在中国本土市场上的确有着不可小觑的价值。同时，他也对我们的运营质量和专业能力给予了高度的认可。因此，在谈判的过程中，他表现得既果断又充分尊重我的意愿。

后来我才得知，我们在 2007 年处理一次货物损坏事件时展现出的责任与担当赢得了他们的高度赞赏。那次事件中，一个已经完成从中国到瑞士运输的集装箱，在货物到达六个月后才被客户拆箱，结果发现内部有严重的水渍，导致布料无法使用。由于时间过去太久，已经难以确定问题出在哪个环节，因此无法追究责任。然而，出于长期合作的考虑，我们主动承担了责任，并赔付了这个集装箱的货值。

这一举动让 Rolf 和 Jurgen 看到了我们可贵的合作精神和责任感。这也是他们下定决心与我们在中国成立合资公司的真正原因。

就这样，我们在上海成立了"KOG – Smarg Cargo"公司，开启了一段长达八年的合作历程。在这个过程中，我们积累了大量为国际化大客户服务的经验，并在大型设备运输方面变得越来越专业。

合作的边界

随着中国市场的蓬勃兴起以及他们手中客户订单的不断增长，Rolf 和 Jurgen

频繁地轮流来中国出差，我们之间的了解和信任也随之日益加深。

我发现他们性格互补，配合默契。Jurgen 严肃认真，给人以严谨的商业形象；而 Rolf 则随和温暖，令人感到亲切与舒适。他们之所以能维持长达 30 年的合作，这背后无疑是基于明确的分工以及对彼此性格的深刻理解和包容。回想当时，如果只有 Jurgen，我是不会同意合资的。正是有了 Rolf 的善解人意作为缓冲，许多合作事项才得以顺利进行。

2010 年，KOG 成功签约了林德化工在阿联酋阿布扎比项目的全程物流服务合同。为确保项目顺利推进，KOG 需派遣一位精通化工的专业人员驻场工作。此前，KOG 已在中国聘请了一位瑞士籍工程师，日常在上海公司办公。Rolf 想借调这位工程师，于是来上海与我商量。我表示，该工程师本就是 KOG 外派至中国的员工，可随时调往任何地方，无须与我商量。然而，Rolf 却一脸认真地对我说："不，我不这么认为。我认为合资公司是我们共同的公司，我必须尊重您的意见。"他这种认真负责的态度以及对合作伙伴的尊重和信任，让我深感动容。

我连续八年参加了 KOG 在瑞士举办的年度总结会，出席者主要是 KOG 全球各地的子公司或合资公司的负责人或总经理。在年度总结会上，Jurgen 扮演着主持人和幕后策划者的角色，而 Rolf 则负责提前筹备各项事宜，包括酒店预订、会议和休闲活动的安排。

在这八年的时间里，KOG 在瑞士的多个城市举办过会议，如苏黎世、因特拉肯、卢塞恩、巴塞尔和伯尔尼等。其中，给我留下最深刻印象的是在因特拉肯的少女峰山谷酒店举行的那次会议。

少女峰位于伯尔尼高地，距离因特拉肯市正南 20 千米处，海拔 4 158 米，是阿尔卑斯山脉的最高峰之一，绵延 18 千米，宛如一位少女静卧于蓝天白云之间。

Rolf 热爱骑行，经常在周末进行山地骑行。这一次，他更是慷慨地将自己心爱的山地自行车借给了一位同样热爱骑行的巴西合作伙伴（一位男士）。这位巴西男士骑着 Rolf 的自行车，从 KOG 的办公室出发，历时两天抵达了少女峰下的酒店。这趟骑行之旅无疑让他充分领略了瑞士绝美的风光和独特的风土人情。在这样的天然美景中，Rolf 也展现出了瑞士人工作、生活两不误的特点。在三天的会议中，每天上午开会，下午则安排一系列精彩的活动，比如去巧克力工厂观看瑞士巧克力的制作过程，去体验刺激的跳伞活动，在清澈明亮的湖上泛舟吃饭。还有一天晚上，我们踩着厚厚的积雪徒步到山顶，在一个被皑皑白雪覆盖着的犹如童话般的木房里吃当地特色的奶酪火锅。

在长达八年的合作中，我有幸结识了 Rolf 的太太，并建立了深厚的友谊。他们夫妇非常希望认识我的丈夫和儿子。有一年，Rolf 建议大家带家属一起参加年度总结会，在会议期间特意安排了非常棒的瑞士滑雪活动。不巧的是，行政人员在帮我们一家三口订机票时出现了疏忽，导致我们没有如愿出行。Rolf 知道后，亲自打来国际长途电话询问原因，并对不能见到我们一家三口表示极大的遗憾。

在商业文化上，他们与我们的确存在显著的差异。我每次去瑞士参加活动，他们从来不会派车来接机，都是自行前往会议地点。后来才知道，原来瑞士的公司一般没有行政用车，用工成本也非常高。所以，当他们来中国时，基本上只需要我们招待第一顿饭，然后就会尽量避免让我们费心。也许这就是文化差异导致的边界感吧。哪怕是合资伙伴，也一样保持"亲兄弟明算账"的界限。

在管理风格上，也有所不同。有一年，Rolf 和一位副总来上海参加件杂货物流展会。我们分别租用了展位，并提前到达。我和 Rolf 在交流的过程中，同时还指点着一边正在布展的同事。这时，Rolf 的副总从展会的冰箱里取出一瓶冰啤酒，悠然地喝着。等我们聊完，Rolf 就开始自己动手布展。我很诧异，他幽默地自嘲地说："这就是欧洲负责人和中国负责人的不同。在中国，你可以指挥员工去布展，员工也愿意。但是对于瑞士的员工来说，他不认为布展是他的工作。所以就只能由我这个负责人来亲力亲为了。"

在这些年的合作中，我越来越懂得欧美人的合作边界。

两位创始人退休了

2016 年，两位创始人步入花甲之年，他们决定退休。Rolf 有两个儿子，一个是艺术家，一个是警察，他们都不愿意接班。而 Jurgen 夫妇是丁克主义者，没有孩子。因此，两位创始人决定把公司卖给一家德国企业。

为了顺利过渡，在 2016 年 1 月的全球年度会议上，他们特地邀请了这家德国企业的总经理到瑞士与我们见面。然而，事情并没有像预期的那样顺利。我们之间有很多不适应，尤其是他们的总经理，作为职业经理人，他的思考模式与我们有很多不同。而且，他们在中国也有分支机构，似乎并不打算把这些欧美的大客户纳入合资公司运作。

经过深思熟虑和多次协商之后，我们只能遗憾地放弃继续合作。

Rolf 拿到了一大笔钱，很开心。他和太太在少女峰下的山谷里购买了一家酒店。这个酒店有 30 多间客房，空间虽小但布置得温馨雅致，足以让他和太太过上一直期待的生活——在那个风景绝伦的地区尽情骑行，享受大自然的宁静与美好，也可以坐在窗前发呆，远离城市的喧嚣和忙碌。这样的生活，应该是绝大多数人所向往的吧。

后来，Rolf 专门写了一封邮件来邀请我们一家三口去他的酒店度假。他热情地表示，所有的费用都由他来承担。这份跨国友谊，让我在繁忙和复杂的商业世界中感受到了不一样的温暖。

▎我的觉察和思考

并非所有的跨国协作都能取得圆满成功，那些能够经受住时间考验、长期稳固的合作关系，必然有其内在的道理。

在和 Rolf、Jurgen 合作的八年时间里，我们有过和谐共处的时光，也有过意见相左的时刻。但是，正是这些差异和碰撞，让我更加深入地了解了欧美文化中的严谨、认真、专业和高效的工作精神和合作理念，也更让我明白：明确合作的边界，建立有效的沟通机制，共同制定发展目标，才是能够长久合作的前提。而在这个过程中，相互尊重则是长久合作的基础。

03 利他的背后是最好的利己

第一次听到"利他的背后是最好的利己"这句话,是源自宏碁集团的创始人施振荣先生。那是很多年前的事情了,但时至今日,它依然在我的心中回响。

当我们选择以"利他"的心态行动时,不仅在他人心中播下了善意的种子,还在无形中建立了良好的人际关系和社会声誉,为我们创造了更多的机会和资源。同时,帮助他人能让我们获得内心的满足感和成就感,提升自我价值感,从而更好地赋能自己,为我们自身的发展注入动力。

企业家的精神境界

美国管理大师彼得·德鲁克认为,利他和利己是相互关联的。企业的目的不仅要追求利润,更要为社会创造价值。通过为他人提供有价值的产品或服务,企业实现了利他,同时也为自身赢得了声誉和发展机会,最终达成一种水到渠成的利己。

后来,我阅读了稻盛和夫先生的著作,他的人生经历很好地阐释了利他和利己的关系。他创办企业并非单纯为了追求个人的经济利益,而是始终秉持着"敬天爱人"的理念,致力于为员工创造幸福,为社会作出贡献。这些利他的行为不仅为员工带来了幸福感和归属感,还极大地提升了员工的忠诚度和凝聚力;同时,也为企业树立了良好的形象,促进了企业的创新和进步,赢得了社会各界的广泛认可和赞誉。最终,"利他"的行为也为他带来了巨大的成功。

创办企业的人，不一定都能成为真正的企业家。那些被称为真正企业家的人，都是具有情怀和格局的人。他们的内在有一种利他的认知，那就是企业家的精神境界。他们用智慧和爱，书写着一个个动人的故事，创造了美好的商业未来，为社会的发展贡献着力量。

企业家创办企业，为社会提供了就业岗位，为员工搭建了实现个人梦想的职业发展平台。在这个平台上，优秀的人才可以施展自己的才能，从而实现个人的价值，同时也汇聚更多的力量为社会的发展作出贡献。反过来，这也极大地提升了企业家自身的价值，让企业家的人生意义得到升华。

在经营企业的21年中，我逐渐领悟到，创业早已不再是为了个人的衣食住行而奋斗，更多的是在为全体员工的经济收益和企业的长久发展而努力。尤其在2020~2022这三年间，能够坚持下来，靠的是那种为大家谋福利的长期主义的思考。

正如罗曼·罗兰曾说："善不是一种学问，而是一种行为。"这句话同样适用于企业家们。他们的善行不仅体现在对员工的关怀上，更体现在对企业和社会长远发展的责任和担当上。

▎建立信任与连接

在商业的世界里，利他与利己并非相互对立，而是相辅相成。而建立信任，无疑是企业文化的核心。无论是对客户、员工还是供应商，信任都是连接彼此的桥梁。

海尔集团创始人张瑞敏曾说过："一个企业要永续经营，首先要得到社会的承认、用户的承认。企业对用户真诚到永远，才有用户、社会对企业的回报，才能保证企业向前发展。"这句话深刻揭示了利他与利己之间的相辅相成关系。

那些具有高境界的企业家深知，只有先实现利他，才能实现利己的长远目标。他们以客户为中心，用心倾听客户的需求，致力于提供超越期望的产品和服务。因为他们明白，客户的满意是企业发展的基石，只有真正满足客户的需求，甚至超越客户期望，创造更大的客户价值，企业才能赢得市场、实现自身的价值。

思锐物流在与客户的合作过程中，尤其是海外项目，曾多次派遣员工到海外项目驻场工作，现场解决问题，甚至被当作客户的员工参与现场的调配工作。当客户面临物流采购团队人手短缺时，我们迅速响应，派遣专业员工到客户公司临时顶替工作几个月，帮助客户渡过难关。这种行为正是利他精神的体现，也为企业赢得了客户的信任和长期的合作。

而与员工的关系，更是体现企业家的精神境界。正如通用电气前首席执行官和董事长杰克·韦尔奇先生所言："在你成为领导之前，成功只同自己的成长有关。当你成为领导以后，成功都同别人的成长有关。"

思锐国际物流 2022 年年会

近几年来，我国提出的共建"一带一路"持续升温，越来越多的企业纷纷扬帆出海，寻求更为广阔的战略发展空间。我很赞同秦朔老师的观点："未来不是'中国能力的全球化'，而是'中国的全球化能力'。"

的确，中国的全球化能力并非单纯的扩张和输出，更多地体现了一种"利他"的发展理念。这种理念促使中国企业在全球各地的市场中，真实地为当地客户和消费者创造价值；与当地政府建立紧密的合作关系，融入当地社会，解决实际问题，为当地经济繁荣和社会进步作出贡献。在这个基础上，企业能够实现属地化发展和全球化战略的双赢。

思锐物流在海外开拓的过程中也印证了这一点。与海外员工和供应商的合作建立信任和连接并非易事，这在前面的内容中已提到。

真诚的沟通是建立合作关系的前提，而共同的成长才是合作关系持久的关键。因此，成功的合作模式都是有迹可循的，那就是在遵守合同约定、保证公平公正的基础上，分享市场动态和行业趋势，帮助供应商更好地做出决策，提升市场竞争力，进而实现良性发展。

蒋总是浙江温岭真空泵行业的隐形冠军。他曾经和我分享过一个与海外客户合作的故事。这个海外客户持续采购他们的真空泵长达七年，但有一次产品出了问题，工程师迟迟没有找到解决方案。就在他们束手无策时，客户从海外免费派出四位技术员驻守在蒋总的工厂，协助其解决问题。经过一个月的不懈努力，问题终于得到了圆满的解决，海外客户也继续下单。这件事让蒋总深受触动，感慨万分地表示"他终于明白了'合作共赢'的真谛"，也深刻地理解并践行了"利他的背后就是最大的利己"这一理念。

思锐物流也有过多次与国内的大件运输或驳船运输供应商携手共渡难关的时刻。这样的时刻，是令人动容的温暖时刻，也正是这样的时刻才奠定了大家携手同行的坚实基础。

正如李嘉诚先生所言："你必须以诚待人，别人才会以诚相报。"我们深知，供应商是企业供应链的重要环节，只有相互支持、共同发展，才能实现双赢的局面。

合花盛开，蝴蝶自来

中欧国际工商学院以其国际化的视野、前沿的商业理念和卓越的教学资源，为我们提供了宽广的成长平台。在这里，我们汲取智慧的养分，砥砺前行。而中欧女性领导力联盟，则是姐妹们共同成长、互相扶持的温馨家园。

也许有人认为，成为中欧国际工商学院女性领导力联盟的会长，是为了利用这个平台拓展人际资源，谋求商业利益。然而，对我而言，我的目标是让校友姐妹们在这个平台上能够被看见、被赋能，尽情展现自身的爱与美。

正如孟子所言："爱人者，人恒爱之；敬人者，人恒敬之。"女性领导力犹如春风拂面，温暖而有力。在活动策划和项目推进中，我们始终考虑到每一位成员的立场和需求，力求制定出更具包容性和人性化的方案。这样的做法不仅增强了团队的凝聚力和向心力，也为我们自身赢得了良好的口碑和尊重。

女性以其独特的细腻、同理心和坚忍等特质，在践行利他的道路上能够发挥出显著的优势。细腻的感知能力使我们能够敏锐地察觉到他人的需求和情感变化，这一特点有助于我们更精准地为联盟成员提供支持和帮助，无论是在职业发展的困惑上，还是在个人生活的困扰中。

在推动女性职业发展方面，我们积极与企业和社会各界合作，为女性争取更多的平等机会和发展空间。例如，与复星集团、上海女企业家协会和妇联等举办活动。

我们倡导工作与生活的平衡，致力于营造一个积极健康的氛围，让每个姐妹在这样的环境中得到滋养和成长。每周日晚上的"合花书香"读书活动，就是思想的净化器。每位带领读书的姐妹都会精心提前阅读、准备分享的内容，大家在受益的同时，领读的姐妹也得到了更多的反馈和成长。此外，我们还精心策划每个月的线下活动，内容涵盖运动、健康、医疗、自我生命觉醒等多个方面，丰富多彩、直击心灵，让很多陷在各种问题中不能自拔的姐妹们寻得答案，豁然开朗。

当然，在为联盟成员争取资源和拓展机会的过程中，我们可能会遇到各种阻碍，但女性特有的坚忍品质则赋予我们在面对困难和挑战时不屈不挠的精神。正是这份坚忍，让我能够坚持不懈地为大家寻找解决方法。

正如歌德所说："你若要喜爱你自己的价值，你就得给世界创造价值。"我们欣慰地看到，这些行动在造福广大女性校友的同时，也提升了联盟的社会声誉和自身的社会价值。最终，我们也将实现最好的利己，为个人和联盟的发展创造更加辉煌的未来，绽放属于女性的璀璨光芒。

我的觉察和思考

生活本身就是一个二元分化的世界，两个看似相互矛盾的真相可以同时存在，比如起点和终点、形式和实质、光明与黑暗、问题和答案。然而，这一切都是人类创造出来的。从这个意义上来说，"利他"是一种更高级别、更高层次的"利己"。当我们真心实意地为他人着想，为社会大众贡献自己的力量时，不仅帮助了他人，同时也在这个过程中实现了自身的价值。

04 走过茫茫戈壁，都是兄弟姐妹

戈壁远征，其实就是一场探索自我、挑战极限的旅程。在这场旅程中，身体会感到筋疲力尽，意志力也会在坚持中逐渐消磨，甚至感觉时间都像静止了一样。但是，我们从未停下脚步，一次次地突破自己的极限。

同时，戈壁远征也是锻炼团队领导力的好方法。它让我们从"我"变成"我们"，从一群松散的人变成一支紧密的团队。走过茫茫戈壁，大家都成了亲密无间的兄弟姐妹。有人说："这世上只有两种人，一种是走过戈壁的，另一种是没走过的。"

在戈壁上结下的深厚友情，往往能持续很久，甚至一辈子。所以，很多在戈壁上一起经历过困难的同学，后来都成了创业伙伴，一起开启新的事业。

你的能量超乎你的想象

我在微信朋友圈里，经常分享参加各种运动的照片和心得，以至于很多朋友都戏称我为"运动达人"，还说我"海陆空"全面发展。但其实，我以前是个运动懒人，连最简单的跑步都难以坚持。直到那次参加了戈壁徒步，我才真正开始探索运动的世界，一步步走出舒适区，享受运动带来的快乐。

记得那是 2010 年，在同学们的强烈推荐和热情鼓励下，我终于鼓起勇气报名了中欧国际工商学院的戈壁挑战赛。这个极具挑战性和知名度的赛事，吸引了众多商学院精英的参与。

由于我之前从来没有徒步的经验，所以选择了加入 C 队。C 队不像 A 队和 B 队那样需要全力以赴去争成绩，只是作为啦啦队参与，而且只需要完成一天的徒步。这对于初次尝试徒步的我来说，相对比较温和。

那天，我们一行人穿过了色彩斑斓的丹霞地貌，又走进了广袤无垠的沙漠地带、戈壁滩涂和盐碱地带。原本以为这次徒步之旅能在这样的美景中舒适地结束，没想到下午突然遭遇了十级的戈壁沙尘暴。那些大大小小的石子和沙子被风卷起，就像无形的鞭子一样猛烈地抽打在我们身上，尤其是脸部，更是疼得要命。

漫天黄沙从四面八方汹涌而来，站都站不稳，更别说往前走了。好不容易等到风暴过去，想趁休息时吃点黄瓜补充能量，结果一口咬下去，满嘴都是细沙；特意带的西北特色面囊，刚从包里拿出来，就被戈壁上的沙尘来了个"胡椒面"加持，里外都沾满了让人牙碜的沙子。

更倒霉的是，我脚上的鞋子又轻又薄，里面早就灌满了沙子和小石子，脚上还磨了两个大水泡，疼得要命。你或许会说："明知道要去戈壁徒步，为什么不穿徒步鞋呢？"这是因为我们搭乘的包机装了很多准备用于庆祝三连冠的物品，我的徒步鞋需要第二天才能运过来。

就在我身心俱疲的时候，一辆车慢悠悠地开了过来。车上的工作人员拿着大喇叭喊："走不动的，或者受伤的队员，可以上车，我们送你们回营地。"

那时的我正蹲在阴凉地方啃着硬邦邦的面囊。说实话，工作人员每喊一次，我心里就动摇一次。但最后，还是好胜心占了上风。我狠狠心，一咬牙，又收拾收拾出发了。虽然路上我好几次后悔，但既然已经选择了，就没有退路了。我只能咬紧牙关，忍着风沙和脚疼，一步步往前挪。我能做的，就是坚持到底。

在这个过程中，上午借给我手杖的那位男士也因为戈壁滩上肆虐的风沙扛不住了，只好把他的手杖要了回去。就在这时，一个我完全不认识的男生看到我走得摇摇晃晃，心生同情，主动走过来拉着我一起走。为了让我不那么在意脚底下磨出的泡，他开始跟我聊天，从聊我的童年趣事、学校生活到创业经历，再到家庭和朋友圈，什么都说。他给我的关心和陪伴，我是后来才慢慢感受到的。但那时候，我的头和腿都已经麻得不行了。

就这样，我无数次地望着地平线，终于在天边最后一丝阳光快要消失的时候，我跟跟跄跄地走到了营地，完成了人生中第一次戈壁徒步。

我一屁股坐在帐篷里，看着外面灰蒙蒙的天空和还在到处飞的风沙，突然就想起了一句广告词："你的能量超乎你的想象。"在之后十多年的运动生涯里，我深深地体会到了这句话的真谛。

从戈壁回来后，C队里的一些积极分子就忙着成立"偶尔怒放会"，决定每年秋天都抽出1~2周去世界各地徒步旅行。他们还计划用十年的时间，走完全球最美的十条徒步路线。2012年秋天，我们到了尼泊尔的博卡拉，勇敢地踏上了喜马拉雅小环线的徒步之旅。之后的几年里，我们还一起走过瑞典北极圈的国王之路、日本的熊野古道、秘鲁的印加古道、俄罗斯的贝加尔湖徒步路线，还有苏格兰的高地徒步路线等。

每次徒步的时候，总有人无比坚定地说"下次再也不会参加了"，因为过程真的非常艰苦和具有挑战性。但奇怪的是，一年后他们还是忍不住又报名了。这是为什么呢？我想，可能是一种实现自我挑战的成就感吧，也可能是一种见识了壮丽山河、感受了人间美好的获得感。

痛并快乐着

经历了数次徒步之后，我深切地体会到了这种活动对于锻炼团队精神和个人意志的宝贵价值。于是，在2015年，我决定组织公司管理层进行一次戈壁徒步活动，并联合了中欧国际工商学院同学所在的两家企业的管理层，共计60人一同参与。

我们一行人抵达敦煌山庄，尽管此时已是下午五点，但太阳依旧炙热如火。而山庄则宛如一位守候千年的初恋情人，静静地期待着我们的到来。入住后，大家便各自散开。我独自一人沿着山庄古典幽雅的建筑漫步。

山庄的建筑巧妙地融合了当地的自然环境和古代庄院的风格，主要以石头和泥土为建材，展现了大西北的粗犷风骨，同时透露出一种低调的奢华和沉稳。当我沿着石阶走到顶层时，眼前的景象豁然开朗，连绵不绝的五色沙山在夕阳的映照下熠熠生辉，与远处的鸣沙山和月牙泉交相辉映，而近处的古朴角楼在这片壮丽的背景中更显得别具一格。此情此景，我不禁想起了唐代诗人王维在《使至塞上》中所描绘的"大漠孤烟直，长河落日圆"的壮丽景象，仿佛自己也穿越了千古时空，感受到了他当年面对辽阔边疆时的豪迈情怀。

对于这次团建，我们制定了一个特别的规则：每天晚上进行复盘，将当天表现最差的团队成员剔除出去。无论是因为受伤、体弱，还是缺乏毅力，只要是最后一名，就只能面临被淘汰的结果。被淘汰的六个人需要站在篝火边陈述自己的优点，争取获得其他团队的接纳，以便继续参加第二天的比赛。对于团队来说，这是一次重新洗牌；对于个人来说，则是一次心理的重塑。无论是否乐意，每个人都必须面对这个挑战。如果不想被淘汰，就只能铆足干劲，努力走到团队的前面。

在第二天的行走中，我们团队来了一位另一家企业的年轻小伙子。他身材健壮，看起来机灵聪明，但由于是初来乍到，他显得有些不知所措，只能默默地独自前行。显然，他吸取了昨天的教训，一直努力保持在队伍的中间位置，以免掉队，并希望第三天能够回到自己熟悉的团队中。

行至半路，为了缓解他的尴尬情绪，我们开始主动和他聊天。出乎意料的是，他从背包里拿出了好几个番茄分给我们，说是从起点处就为我们准备好了。那一刻，我既惊喜又感动。人在他乡，或许就是这样的小心翼翼吧。我忽然有些心疼他，不禁想象，那两位被淘汰到其他公司的同事，是否也是如此小心翼翼？还是已经在新团队中如鱼得水了呢？

到了第三天，出现了一个特殊的小组——前两天被淘汰的成员组成了一个新的团队，并且他们选出了自己的新队名、口号和队长。这一天的行走从清晨四点开始，前两个小时需要戴着夜行军的头灯，而且规定所有人不能说话，只能通过肢体语言来表达。可想而知，新队长面临着怎样的压力才能确保成员顺利完成这一天的路程。然而，在队长和全体成员的共同努力下，他们取得了七个团队中第四名的好成绩。这说明什么呢？这说明在团队中，弱者的坚毅反而是一种力量。因为他们需要破釜沉舟，才能逆风翻盘，实现自我超越。

博弈论中提到：在现有的约束条件下，我们应向前展望，向后推理，以寻找最优解。团队往往在遭遇挫折和失败后，才能真正凝聚决心，积极应对挑战。挫折和失败并不总是坏事，它们有时能激发我们内心的决心，使我们变得更加坚强。这种内在的动力推动我们更加坚忍不拔，超越自身的极限，最终获得成功。

作为队长，在面对某项核心实力明显不如对手，且已经大比分落后的困境时，应该如何翻盘呢？"科学决策"需要绝对的理性和智慧。面对团队的队员和外界的他人，是否不在意冷嘲热讽，敢于做出最理性的决策，这才是真正考验一个领导者魄力和能力的时刻。

创业之路从来都不是一帆风顺的，甚至不一定是螺旋上升。看似平坦的道路上很可能潜藏着难以预知的危机和陷阱。当团队坠入这样的陷阱，士气从顶峰一路跌至谷底时，如何迅速调整、重整旗鼓？这样的难题在戈壁赛场上真实上演，考验着每一个团队和领导者的智慧与勇气。

在这三天的过程中，我们团队展现出了非凡的团队精神和协作能力，这让我感到无比的自豪与感动。其中有一位体态较为丰满的女高管，由于平日里缺乏锻炼，第一天不幸被淘汰交换到了其他团队。然而，在第三天回归我们团队后，她尽全力前行，为了帮助她，我们团队特地派出两位男士一左一右地架着她走。在那个时刻，我想她内心是幸福的，尽管身体上承受着痛苦，但内心却充满了快乐和感激。这种痛并快乐着的经历，无疑将成为我们所有人心中宝贵的记忆。

篝火晚会结束后，同事们结伴去观赏星星，这是在大都市里鲜少能看到的景象。我曾经在南美印加古道海拔3 300米的山上，迷失在银河的星光中，那里的星光璀璨而绚丽。虽然戈壁的星星没有印加古道的那般璀璨明亮，但是在空旷悠远的夜空里，每颗星星都宛如一颗颗珍珠镶嵌在黑天鹅绒般的幕布上，让人久久不愿移开眼睛。

"回看射雕处，千里暮云平。"这是我带领管理层走过三天戈壁后的真切感受。在那个季节，天空万里无云，烈日炙烤着大地，酷热难挡；脚下的土地是戈壁滩，铺满了大大小小的青色石头；还有那些永远不变的、黄黄矮矮的骆驼刺，以及一座又一座的黄色小土丘。身在这样的环境中，我们所有人都不禁会在内心深处问自己：我是谁？我从哪里来？我要到哪里去？在这片古老而苍凉的戈壁滩上，我们每个人都仿佛变得微不足道。但正是这样的体验，让我们有机会重新审视自己，思考我们在这个世界中存在的定位和目标。

从戈壁归来后，大家的精神面貌焕然一新。戈壁中患难与共的体验，让他们得以从工作之外的地方看到彼此身上闪亮的光芒，从而更容易相互理解和支持。几个月后，他们竟然开始怀念一起在戈壁的经历，并强烈要求公司再次组织类似的活动。也许正是戈壁让他们深刻领悟到，工作的目的是更好地生活，而有缘在一起共事和行走戈壁，也是一种相互赋能和成长的过程，能够促使他们成为更好的自己。

▍我的觉察和思考

戈壁远征，犹如开启一瓶上好的美酒，令人沉醉，微醺之中细品，滋味无穷，而回味更是持久绵长。

这片既荒凉又壮美的戈壁，见证了我们挥洒的汗水与泪水，记录了我们的欢笑与痛苦。在这片土地上，我们彼此间结下了深厚的友谊，成为生命中不可或缺的姐妹兄弟。

在茫茫戈壁上留下的每一步足迹，都是我们人生旅途中不可多得的宝贵财富。它们如同一颗颗璀璨的宝石，随着时间的流逝，深深沉淀到我们生命的深处，成为我们身体和精神的一部分。这些宝贵的经历将陪伴我们走过春夏秋冬，让我们始终坚信人生的美好。

05 中国深度，全球广度

创业，无疑是一条充满挑战的不归路。一旦踏上这条路，各种未曾预料的问题和挑战便会接踵而至，让人应接不暇。在经历了日复一日地疲惫应对之后，我终于停下来，开始深刻思考：我应该如何系统性地解决这些问题呢？

2008 年，我作出了一个重要的决定，那就是来到中欧国际工商学院（以下简称中欧）参加 EMBA 课程，开启了两年的学习之旅。这是我大学毕业后最为幸福的一段学习时光。在中欧的学习不仅赋予了我深刻的洞见和体会，还持续促进了我的成长，成为我一生中巨大的精神财富。除了创业之外，这是我做过最明智的选择。

如港湾般温暖的中欧校园

当我进入校园的那一刻，我被其经典大气且美轮美奂的设计深深吸引。后来我才得知，这是由世界著名建筑大师贝聿铭所创办的贝·柯·弗建筑设计师事务所设计的杰作，它被誉为全球商学院中最美丽、最具特色的校园之一。

中欧上海校区完美融合了江南水乡的韵致与西方建筑的理性之美。四四方方的布局，以贝氏金字塔为中心，四周被长长的连廊环绕，组成一个整体，给人一种安静有力、低调奢华、经典时尚的感觉。校园的色调以灰和白为主，简洁明快中蕴藏着浓厚的书香气息，同时还彰显了学校应有的庄严和沉稳。

校园中央矗立着一座图书馆，这是一座两层方正的建筑，同样采用了简洁的灰白色设计。它的外围被浅浅的水池环绕，为这座校园增添了一丝灵动和活泼的气息。我沉醉在这种若隐若现的归属感中，感受到一种安稳而坚定的故乡感。

在随后两年的学习过程中，每当我走进校园，内心总是充满了自豪感。即使毕业后，偶尔重返校园时，无论我的内心有多么浮躁，都会在踏入校园的那一瞬间平复下来。

后来，我也曾踏足北京校区、深圳校区和瑞士校区，甚至在照片上领略了非洲加纳校区的风采。它们的设计风格迥异，我也深切地体会到了中欧的全球影响力。

印象深刻的管理实战模拟和毕业课题

EMBA 的课程设计，从思维框架的构建，到管理实务的探讨，再到战略规划和资源整合，层层递进，深入浅出。它以国际前沿的管理教育理念为基石，巧妙融合并升华了中国本土的商业实践，成功打造出一套兼具中国深度与全球广度的课程体系。在两年的学习过程中，我收获颇丰，而其中最令我印象深刻的，莫过于开学时为期四天的管理实战模拟以及毕业课题的研究。

管理实战模拟仿佛是新生的破冰之旅。来自不同班级、不同城市（北京、上海、深圳）的新入学校友们被随机分配到各个小组，每个小组代表一个公司，被"派遣"到不同的星球上进行经营。在这个模拟环境中，我们生产并销售不同的电器产品，然后根据销售额和利润进行排名。

总指导老师是一位外籍教授，他根据每一轮的经营结果对各"公司"进行动态的策略指导。同时，每个"公司"也需要根据市场的变化和实时的价格来制定各种定价策略。经过数轮激烈的竞争，最终决出胜者。现场那白热化的竞争和激烈程度，至今让我历历在目。

由于是临时组建的团队，成员间彼此并不熟悉，大家都处于一种谁也不服谁的状态，这导致了团队内部出现了非常多的争吵和草率的决策。起初，我们的组长勤勤恳恳地进行着各种计算，白板纸上写满了密密麻麻的数字和公式，但效果并不理想，大家都感到十分困惑。

在关键的最后一轮中，一位毕业于北京大学并在某个大型企业担任 CFO 的同学挺身而出。他用自己专业的见解和丰富的经验力挽狂澜，带领我们团队实现了逆转，排名迅速攀升至前几名。这次经历给我上了非常深刻的一课：不要用自己的业余爱好去挑战别人的专业。同时，在这个开学模块中，我还学到了许多重要的知识点，掌握了如何处理在企业经营中遇到的各种难题，包括企业文化的塑造、社会责任的承担以及团队建设的技巧等。

如果说管理实战模拟让我学会了如何全方位地审视企业经营的各个层面，那么毕业课题则教会了我如何凭借出色的领导力和影响力来取得成功。

在毕业课题的研究过程中，我们小组成员间非常默契，毕业论文也获得了高分，成为班级中仅有的两个交分通过的小组之一。然而，在课堂表现环节，我们的成绩却未能如愿。

我记得最后一堂课，每个课题小组被分配到不同的讨论室。讨论结束后，我们才得知整个讨论过程都被录了下来。观看录像回放时，我们发现了团队的问题所在：首先，团队内部的分工不够明确；其次，我们没有做到全情投入；再者，作为组长，我没有对团队成员提出严格的要求；最后，在面对巨大压力（时间紧迫必须给出方案）时，我未能有效阻止个别成员的固执行为（霸占着键盘，坚持要按照自己的意见输入销售价格）。最终，我们的得分排名倒数第二，教授"奖励"我们一只大猩猩毛绒玩具。我把这只大猩猩放在家中的显眼位置，每次看到它，都会提醒自己要做好一个管理者和领导者的角色。

尽管如此，我们小组的友谊并未因此受损，毕业后依然保持着紧密的联系。

也许，正是那次的讨论和争执，成为我们关系的黏合剂，让我们更加深入地了解彼此，关系也因此更加亲密无间。

▌来自全球教授们的启发与影响

中欧国际工商学院之所以广受赞誉，很大程度上是因为它汇聚了来自世界各地的杰出教授。这些教授不仅才华横溢，更拥有深邃的思想和广博的知识。在为期两年的学习中，每一次课堂体验都触动我的心灵，每一位教授都是一座宝藏，每一堂课都是一次刷新自我认知的旅程。

许小年教授外形高大清朗，正如他在学术上的铮铮风骨。他在授课过程中，竟能将全球的宗教与经济发展紧密相连，以独到的视角和深邃的思考，引领我深入理解中国经济学的复杂性和深度，让我对此有了更深层次的认识。

许定波教授则以他的故乡"相思山"和一首首才思泉涌的诗，展现了他博学多才的另一面——纯真而富有创造力。他教授的财务课程同样令人印象深刻，不仅激发了我的学习热情，还帮助我取得了优异的成绩。

吴敬琏教授的《中国经济学》课程，让我从内心深处生出敬畏。年过七旬的他，连续四天进行高强度的授课，无须PPT或任何辅助材料，所有的数据都深藏于他的脑海之中。每当谈及某个话题时，那些数据和情景就如水龙头一般，只要打开，就会源源不断地流淌出来。也许只有那些真正深刻参与和经历过中国经济改革和发展的人，才能如此如数家珍、娓娓道来。听吴老的课，绝对是一种难得的享受。

丁远教授，气质中藏有很多的法国元素，让我们最为津津乐道的，就是他的口头禅——"不一定"。在课堂上，他喜欢提问，我们总是非此即彼地回答。每当此时，教授总是带着一丝狡黠，幽默地反馈说："不一定。"我们感觉又掉入了他的圈套之中。确实，从财务的角度来看，世间万事万物都是充满变化的，不同的会计准则、不同的账务处理方法、不同的记账目的，都有可能导致很多的不一定。按照丁教授的说法，财务就是一条魔术裤，可以将一个肥胖的女人瞬间变成一个苗条淑女。

William Burgurs 教授，是一位风趣幽默的教授。他教授的营销学，深受大家的喜爱。在他的课程中，我深刻领悟到品牌对于一个企业长远发展的重要性，这坚定了我成为长期主义者的决心。

Shameen 教授，也是一位很有人格魅力的教授。每年加纳校区的女校友们来到上海校区游学时，他都会真诚地邀请我回到学校给这些非洲的女校友们进行分享和互动。得益于此，我也连续数年被学校评选为 MBA 学生的职业导师，帮助他们的一部分人解决职业发展的困惑，并给出建议。

李秀娟教授，以充满魅力的教学风格和生活态度，对我的人生产生了深远的影响。在后续的内容中，我将详细讲述。

杨国安教授，尽管他的普通话不太标准，但这丝毫不影响他的授课水平和受欢迎程度。中欧毕业后，我有幸加入了杨三角 YCA 的学习团队，在教授的带领下开始了长达十年的学习之旅。他的严谨认真、博爱、勤奋以及灯塔般的精神，还有他和师母对于二代的教育理念，都深刻地影响了我的人生观和价值观。

肖知兴老师是我在选修课上结识的。起初，我只是觉得这位教授个性鲜明，低调中充满力量。后来，他离开中欧创立了领教工坊，而我也在多年后加入了领教工坊。自此，我才真正走进了这位思想深邃的管理学老师的精神世界。

当然，中欧还有许多独具特色和风采的教授们。由于篇幅所限，我无法在此一一列举他们的名字。这些教授们是中欧的瑰宝，宛如一颗颗璀璨的珍珠，共同串起了中欧的传奇和辉煌历史。每一位教授都像是一盏明灯，照亮了我前行的道路，引导我不断追求知识的深度与广度。他们来自不同的国家和地区，用自己的博学和才华生动地诠释了中欧的"全球广度"。

校友的力量与文化

中欧之所以享誉全球，不仅因为其卓越的教育质量，更因为其强大的校友网络。只要提及中欧的身份，即使是初次见面的校友，也能迅速建立起信任感，并且愿意彼此接近和给予支持。

我曾对这种强烈的校友凝聚力产生过好奇，想探究其背后的原因。后来发现，这可能源自中欧独有的校园文化。我记得第一次参加中欧班级活动时，因为答对了"认真、创新、追求卓越"的校训而得到了一份小礼物。

在中欧的课堂上，我沉思时常常凝视着陶瓷杯子上用红色字体印制的"中国深度，全球广度"，这句话仿佛能引领我进入思考的境界。这不仅是中欧的教育理念，也是中欧校友所秉承的精神信条。

在前面，我曾提到去过瑞士校区，当时是作为圆桌嘉宾与当地的校友们一起上课和畅谈。后来，在非洲尼日利亚，我代表中欧组织举办中非论坛，促进跨文化交流与合作。在中欧25周年庆典时，我受邀前往新加坡与东南亚校友们共同庆祝，并深入探讨共建"一带一路"的发展机遇；此外，我还被中欧国际班的墨西哥校友邀请到墨西哥和秘鲁参访企业，亲眼见证了南美大陆的发展。

2024上海市女企业家走进复星主题活动

这些宝贵的经历不仅拓宽了我的视野，也让我能与来自不同国家、不同年级、不同性别的校友有了更多的相遇和交流。每一次的相遇和交流，都有一种一见如故的亲切感，这都源于我们共同的身份——中欧校友。

其中，很多校友还成为我一生的好朋友。比如，由07和08届女性校友组成的"美女帮"，我们从2009年相识，因为频繁的互动和深入的交流，友谊日益深厚。15年过去了，我们的举止愈发显得优雅从容，言谈间流露出深邃的思考，性格也更加通透豁达，就连面容也仿佛被岁月雕琢，愈发透露出一种灵气与大气。或许，这些悄然发生的转变，唯有我们自己最能深刻体会，它们源自我们坚持自律的运动与健康饮食，源自我们广泛的阅读与思考，更源自我们不断深入的见识与内心的修炼。我们都变成了对方的镜子，照见自我最好的成长。

人与人之间是会相互影响的。真正的朋友是那些可以相互激励、促进彼此成长的人。在相互的陪伴下，我们都逐渐成为更好的自己，或者说，更加接近了内心所期许的自我。

我的觉察和思考

"中欧力量，超越梦想"这句话，我深为喜爱。

这句口号不仅用于如商学院戈壁挑战赛这样的活动中，而且早已融入我们的日常生活。每当校友们相聚，无论是合影留念还是相互激励的时刻，我们总爱齐声高呼："中欧力量，超越梦想。"

中欧，已然成为我们生命中一个无法替代的存在。它影响着我们，也赋予了我们更多的力量与智慧。如果说进入中欧是创业道路上回归梦想起点的家园，那么毕业后的我们，就是怀揣着中欧赋予的力量与信念，勇敢地踏上前行的征程。无论途中遇到荆棘还是收获鲜花，我们都能以坦然的心态去接受，继续追寻光明，向着最美好的未来迈进。

📝 小指南

在商业世界中，要想达成关键合作，涉及多方面的因素，我总结了以下几点：

1. **表达的清晰性**：有效的沟通能让双方清晰地了解彼此的需求和关注点。建立一套高效的信息共享与协调机制，确保双方能够及时了解工作进展、共享重要信息、快速响应市场变化。

2. **明确股权分配**：在合资之前，确立一个清晰、公平且双方都能接受的股权分配方案，以保证双方利益的平衡；同时，共同制定公司的发展方向和目标。事前的良好沟通和达成共识，是双方长期顺畅合作的关键。

3. **深化资源互补**：在寻找合作伙伴之前，企业应首先明确自身的核心优势所在，然后再寻找那些拥有自己所需资源相匹配的合作伙伴。这些资源可能包括技术、市场、渠道、品牌等多个方面。通过整合这些资源，企业可以形成更加完整的产业链和价值链，提升整体竞争力。

4. **建立信任和默契**：通过坦诚沟通、信息共享、共同经历挑战和困难，建立起深厚的信任关系；在决策过程中，坚持开放包容的态度，尊重合作伙伴的意见，共同维护长期的合作关系。

5. **创造力的激发**：创造力可以帮助人们打破传统思维的局限，为合作带来创新的解决方案和新颖的元素。

第5章

探索向内生长的美好
如靛蓝色般具有智慧和觉察力

靛蓝色，是一种超脱尘世、神秘莫测的色彩，它象征着智慧与觉察力，引领我们踏上一段探索内在成长的美妙旅程。

智慧，是我们深藏内心的宝贵财富。它并非简单的知识堆砌，而是对生活本质的深刻理解和领悟。当我们以智慧的光芒审视自我，便能在纷繁复杂的世界中保持一份清醒，不被表象所迷惑，从而做出明智的选择。

觉察力，则如同敏锐的触角，让我们能够感知到内心细微的变化和需求，察觉到自己的情绪波动、思维方式和行为习惯。它教会我们接纳自己的不完美，从而获得内心的平静与安宁。

靛蓝色的力量，驱使我们向内探索，倾听内心深处的声音。在这个过程中，我们挖掘出内在的力量和潜能，不断成长，以更加从容和自信的姿态，去迎接外部世界的挑战。

01 情绪来自认知

有两位员工因长期请病假引起了我的关注。据同事们反映，这两位员工的健康状况可能与他们无法有效应对生活、客户或业绩带来的压力有关，导致他们常常处于情绪崩溃的边缘。事实上，情绪与身体健康之间存在着密切的联系，长期的负面情绪很可能成为疾病的诱因。

我们的情绪状态与认知方式紧密相关。我们对世界的理解，包括对父母、工作、压力、家庭以及周边环境的看法，都会对我们的情绪产生深远影响。

▌活在过去就无法拥有未来

2023 年，我有幸参加了红颜会"2023 第十届女性商业时代盛典"，并聆听了埃隆·马斯克的母亲梅耶·马斯克的演讲。她在会上自豪地说："我命由我不由天，致敬了不起的自己。"

确实，她是一位了不起的女性。在她的自传《人生由我》中，她详细描述了自己多次推倒并重建人生的经历。在婚后长达九年的时间里，她忍受了家庭暴力的折磨。直到南非通过"不可挽回的婚姻破裂"的法律，她才终于鼓起勇气逃离了那段让她心惊胆战的婚姻。

在处理离婚事宜时，她丈夫的律师建议将德班的房子划归她的名下，而他的名下则保留一套大房子、一艘游艇、一架飞机和六辆车。然而，梅耶却坚定地回复说："我不在乎，我什么都不要。"31 岁那年，她决定重建自己的人生，带着三个孩子辗转于三个国家的九个城市之间。

如今，年过七旬的她培养出了三个亿万富翁的孩子，并成为 11 个孙子孙女的祖母。她还获得了两个硕士学位，并成功开创了自己的事业。60 多岁时，她重返模特舞台，并在头发变白的时候走红；69 岁时，她的形象在美国时代广场独占四个广告牌；73 岁时，她更是在全球范围内登上了 16 本时尚杂志的封面。她的儿子埃隆·马斯克曾深情地说："我的母亲才是我的英雄，我的成功多半源于我母亲的培养和她特立独行的品行。"

告别过去并非易事，但正如梅耶·马斯克所展现的那样，这需要勇气、坚定的意志和不懈的努力。尤其是当我们深陷于习惯的泥潭和情绪的旋涡时，更需要像她一样勇敢地站出来，掌握自己的命运。

"活在过去"更像是一种潜意识的行为模式。每天清晨，那些唤醒记忆的意识会提醒我们自己的身份和所处的位置。如果我们的意识保持不变，那么我们的行为模式也将维持原状；如果我们的环境和思维方式没有改变，那么我们所能体验到的生活也将一成不变；这些重复不变的生活体验会逐渐积淀，形成我们的心境；当某种心境被频繁触发并持续存在时，它会逐渐转化为一种气质；这种气质会通过我们的行为表现出来，成为我们对某种情绪的习惯性反应倾向；最终，如果某种情绪持续数月或数年之久，它将逐渐固化，成为我们性格的一部分。

因此，如果我们选择继续活在过去，那么过去就将成为我们的未来。所以，我们必须面向未来，有意识地做出选择，将我们的注意力集中在梦想中的新体验上。

学会与自己相处

印度的一位智者曾言："抑郁的本质，是一场与自我无休止的战争。"若我们无法与自我达成和解,便会无休止地苛责自己的一切,包括身体、地位、家庭乃至周遭环境,最终这种指责可能蔓延至他人,导致我们与外界的关系变得紧张而疏远。

学会与自我和解,意味着我们要放下自我批评和不必要的负罪感,接纳自己的不完美和犯错的可能性。我们无须谴责自己或他人,应允许情绪自由流淌,不再压抑或忽视它们。在人生的十字路口,我们要时刻铭记,自己拥有选择的权利。因为生命的每一步都充满意义,每一次的经历都是成长的积累。

看见、体验、放下,这是与自我和解的过程和方式。它能帮助我们从纠结、焦虑等状态中解脱,进入平静、喜悦的美好境界。如此,我们才能从地虫的视角升华至飞鸟的高度,看见更加高远的世界;如此,我们才能在家庭中获得家人的支持,在企业中赢得团队的帮助;如此,我们才能拥有深深的平静和喜悦,从内在散发出光芒。

此外,我们还要学会独处。在宁静与平和的独处时光里,我们能够远离外界的喧嚣和干扰,静下心来反思自我,理解内心深处真正的需求和渴望。

蒋勋老师提及,2020~2022年的特殊时期,其实是让我们放慢脚步,学会与自己独处。他说道:"每个人都回归孤独的自我,这或许是一个崭新的起点,让我们重新建立自己与这个地球的对话,或是与自我、与时间、与历

在大自然中与自己相处

史的深刻对话。"

我自小便对独处情有独钟。在学生时代的寒暑假期，我总是乐于待在家中，沉浸在作业、阅读、绘画之中，或是帮助父母分担家务，自得其乐。创业之后，尽管不得不展现出外向的一面，但回到家中，我仍会为自己保留一段独处的时光。书房是我最钟爱之地，独自一人在那里阅读或写作；还有那个小巧的院子，我常静静地坐在其中，聆听轻音乐，仰望蓝天白云，观赏花开花落。偶尔弹奏古筝，成为自己最佳的倾听者。这些时刻，都让我感到无比幸福。

每年，我都会与一群朋友外出徒步。在徒步的过程中，我也偏爱独自安静行走，深刻感知大自然和周边的一切，与它们进行心灵的对话，感受它们的自然之美。

近年来，我养成了每日静坐冥想的习惯。乔·迪斯派尼兹博士在其著作《改变的历程》中写道："你的命运并非生来注定，你也并非只能以一种方式度过余生。通过消除过往生活给大脑带来的创伤，改变消极的信念，并体验冥想的过程，你可以在28天后成为一个全新的自己。"

关于冥想，除了姿势之外，更应关注的是呼吸。在一呼一吸之间，让自己回归当下。只有当我们真正沉浸于当下的每一刻，才能真正与自己对话。

学会自我觉察

健康涵盖了身体、情感和思想三个层面。有效且及时的自我觉察对于维持整体健康状态起着至关重要的作用。若我们忽视了自我觉察，长期处于高压或"宕机"状态，便可能引发各种心智紊乱，最终导致严重的健康问题，使我们错失生活中的诸多美好。

为了改善身心失调的状态,我们可以尝试多种方法。例如,静坐冥想,或者投身于大自然的怀抱,观云赏海,听风嗅花,随心所欲。在无须奔波、追逐和逃避的平静情绪中,我们更容易进行自我觉察。

自我觉察是一项需要训练的技能,涉及思维、情绪和行为等多个方面。通过培养自我觉察的能力,我们可以在人际关系、日常生活和事业发展中更加游刃有余,使内心保持在美好的状态下,从而体验到更加丰富、美好和幸福的人生。

因此,我们要学会感知情绪,掌握自我觉察的艺术,成为自己的观察者。

首先,我们要学会尊重、珍惜和爱护自己,重视自己的感受和需求。其次,当我们在人际关系中受到伤害时,应该勇敢地面对这种感受,通过觉察自己的情绪,并如实地表达出来,而不是选择逃避或者忽视它们。这种自我表达不仅有助于我们的情感释放,还能促进我们与他人的真诚沟通,帮助我们更好地理解对方的需求和期望,从而共同解决问题。以婚姻为例,它之所以神圣,并非因为它包含了神圣的义务,而是因为它为我们提供了宝贵的成长机会。

通过培养自我觉察的能力,我们可以更深入地理解自己和他人,勇敢地面对和表达自己的感受,与他人建立真实而深入的沟通,共同创造一个充满爱和理解的世界。

我的觉察和思考

人生的旅途漫长而丰富,它总是要求我们不断创造、表达并体验自己日益提升的品德、愈发远大的志向以及越来越非凡的人格魅力。

在 2024 年 3 月的杨三角企业家联盟活动上，杨国安教授和他的太太提出了一个深具启发性的题目：设想今天是你的 90 岁生日，当你步入餐厅时，发现你最挚爱的家人、亲密的朋友以及共事的同事都齐聚一堂。他们将会逐一走到你的面前，为你送上真挚的祝福。在这样的时刻，你内心最渴望听到他们如何评价你呢？

我期望听到这样的评价："她是一位拥有丰富多彩的人生历程、内心世界丰盈且人生充满收获的女士。"

02 突破自我，面向未来而生

2023年12月，受上海市妇联邀请，我在上海瑞金宾馆参加了一个小型座谈。走进那间会见厅，我才知晓现场有94岁高龄仍然坚持工作的原全国妇联主席，有70多岁但依旧精神矍铄的王院士，还有其他几位来自上海各行各业优秀的姐妹们。她们都是全国巾帼英雄，有格局、有情怀、有远见、有激情。

回顾过去的几年，我深刻体会到突破自我的重要性。当我们变得更加强大和坚忍时，才能更好地面对生活中的各种挑战，不断超越自我，创造出更美好的未来。

突破心力的极限

我第一次接触赛艇，是在2019年的秋天，地点是美国波士顿的查尔斯河上。当时，我们正进行游学活动，周日顺便组织了一次团建活动。

在同学中，大部分人都是赛艇新手，有的甚至从未亲眼见过赛艇。我们先参加了一个基础培训课程，在划船机上训练了15分钟后，每十人组成一个团队进行水上实战练习。十个人需要齐心协力、步调一致。

原本我以为，这仅仅是一次性的娱乐活动，从未想过还会与赛艇再次结缘。然而，回国后仅仅一个月，中欧国际工商学院的校友就在群里组织去上海朱家角划赛艇。我心血来潮，立刻报名参加了。然而，当我到达赛艇俱乐部时，才发现实际情况和我想象的完全不同。这次是四人一组，每个人都需要使用双桨划船。我只好重新开始学习，重新适应这种新的划船方式。

教练非常严格，我紧张得无所适从，感觉四肢都不知道该怎么摆放。加上这是我第一次尝试使用双桨划船，左右手经常不协调。两个小时后，我的胳膊酸痛无比，手掌也磨出了茧子。我心中默默地想："终于结束了！以后再也不碰这个累人的东西了！"

有了这样的心理暗示，我很长一段时间都没有再想过赛艇。直到有一天，我参加了游艇俱乐部的嘉年华活动，认识了一群有趣的人，我才开始重新对赛艇产生了兴趣。

嘉年华活动的那天晚上，Linda 的分享深深地触动了我。她虽然天生失明，但完成了半程马拉松，学会了赛艇，还勇敢地去谷歌应聘了自己心仪的岗位，活出了与众不同、精彩纷呈的人生。我至今仍清晰地记得，在河边那隐约的灯光下，她说的那句话："做事和做梦之间，只差了一个行动。"

一个周末的早晨，我在跑团里约好了朋友们一起去世纪公园跑步。我住得比较远，当我开车到达时，已经比原计划晚了半个小时。然而，静静、波哥、汤帅哥、高帅哥等一群伙伴，依然热情洋溢地跑到公园门口接我。汤帅哥还特地走过来打招呼："我就是那次嘉年华活动去一号门口用电动车接你的那个胖子。"真是太有趣了！我感动得热泪盈眶。

紧接着，我做了一个决定：跑步结束后，直接去花木赛艇俱乐部进行下水训练。那天教练没空，幸好山东老乡波哥自告奋勇地担任了我的临时教练。一番水上练习下来，我感觉自己表现得相当不错，从此便正式迈入了赛艇训练的大军。

经过几次训练之后，我以为自己已经足够坚毅，但直到有一次和男士们一起训练，我才真正体会到，赛艇不仅是对身体上的挑战和突破，更是一种对心力的极致考验和突破。2021 年 9 月 4 日上午，我像往常一样来到世纪公园的深潜俱乐部。刚踏入俱乐部，我就被教练拉住，他希望我能顶替一位临时缺席的男士，与另外七位男士一起参加原定的男子八单赛艇训练。当时，赛艇刚刚在上海流行起来，而我也仅仅接触赛艇几个月而已。作为"菜鸟级"选手，除了教练之外，其余七位男士都用将信将疑的眼光审视着我。虽然他们一副很不情愿的样子，但是没有我，他们也无法进行训练。就这样，我坐上了最后的一号位。

出发前，坐在我前面的二号位男士扭头看着我，心中的疑惑难以掩饰："我们今天的训练要划20千米，你能坚持下来吗？"20千米，是我从来没有尝试过的长距离划船训练，更何况还是和七位强壮的男士一起训练。然而，我已上船，别无选择。再说，我也绝对不可以被他们轻视，于是，我豪气冲天地说："当然可以，别小看女士的力量。"

说起来轻松，做起来却需要付出巨大的努力。从张家浜河划出去的10千米还算顺利，短暂的休息后，回程的10千米让我感到无比吃力。我紧盯着最前面的八号位，全力以赴地划动手中那只粗大的单桨。到了最后时刻，教练开启了速度训练，男士们的力量在快速的桨叶翻动中迸发而出，差点把我甩到河中央。但是我还是咬紧牙关，努力保持步调一致。当时，我的心中只有一个信念，就是决不能被鄙视，也决不能被甩下艇。

最终，当赛艇靠岸时，男士们不得不佩服我，一致认为我的耐力令人惊叹。

这次经历，让我找到了一种跨越自我的方式。心力的突破，绝对可以带来体力的更高突破。这一切与性别无关，而与个人的毅力和决心有关。

突破内心的恐惧

2020年春天，一场突如其来的大病让我措手不及。病愈后，我开始热爱运动，并在这个过程中认识了一群非常有爱的朋友，他们一直鼓励着我，帮助我突破一个个内心的恐惧。

那是在温州的一次徒步活动中，我提前到达，就与几位朋友在山中酒店的湖边喝茶聊天。这时，一位神采飞扬、身材苗条、留着干练的卷曲短发的女士走了过来，身后跟随着一位同样身材高瘦、帅气的男士。朋友起身向我介绍："这位是 Sindy，运动达人。后面的帅哥是杰哥，也是运动达人。"我们彼此微笑致意。

那天恰好是我的生日，一群新老朋友热热闹闹地为我庆祝。Sindy 坐在我的旁边，但我忙于应对生日派对，没有机会和她深入交流。等到想要认真交流时，她已经不胜酒力，趴在桌子上醉眼迷离了。

在第二天的大龙山徒步中，她给予了我这个菜鸟级别的运动者无微不至的照顾。后来，每次共同运动时，Sindy 都会主动来照顾我。攀岩时，她教给我动作要领，并催促我上去挑战自己；胳膊酸痛时，她会给我按摩，让我感觉好似来享福一般。骑行时，我每次都会落到最后，但 Sindy 总会贴心地留在后面照顾我。当然，还有飞哥也是如此。说实在的，如果没有 Sindy 和飞哥如此温暖的照顾和鼓励，我可能真的不会如此热爱运动。

后来才知道，Sindy 是个名副其实的运动达人。她从小体弱，后被父亲送去体校学习。她在上海攀岩界享有盛名，还擅长拳击；曾在上海外国语大学当过 17 年的体育老师。后来辞职创业，把北欧的旱地冰球项目引入中国，希望能激发更多的孩子们喜欢上这项灵活且高强度的团队项目。

有一天，大家在群里报名参加 2021 年春天的马拉松比赛。有人选择了无锡马拉松，而我这个刚开始规律运动的菜鸟，竟然鼓起勇气报名了四月的桐庐半程马拉松。

毕竟是人生中的第一次半马，我的心中总是忐忑不安。Sindy 看到我这样，就安慰我："我也报名了，我来陪你一起跑。"她说到做到，在浦东滨江陪着我跑了15千米，告诉我要让肌肉养成记忆。到了正式比赛时，她和杰哥两个人一左一右陪着我跑。虽然我跑得比较慢，但他们还是不急不躁地陪着我慢慢跑。

跑到15千米以后，我实在跑不动了，想去路边的补给点拿点吃的，她就让杰哥去拿，她则继续监督我往前跑。我想去上厕所，她也陪我去。总而言之，就是不让我停下来。她说一旦停下来，就会更加累，更加想放弃。跑到18千米时，我整条腿都是麻木的，她说："她的腿也是麻木的，所有人的腿都是麻木的，只要继续加油就好。"当我跑过终点的时候，她竟然比我还高兴，认为我再一次突破了自己。那一刻，我深深地喜欢上了她，能在人海中遇见Sindy，真是上天的眷顾。

还有一次，我们去莫干山徒步。那是一个炎热的夏天，太阳明晃晃地挂在天上，地面炙热无比。因为在山里徒步，我们穿着长衣长裤。没走多远，我就感觉像是中暑了，头昏脑涨、恶心难受。放眼望去，大部队已经渐渐消失在眼前，只有Sindy在我身边，扶着我在阴凉的地方坐下休息，说："我们休息一下，如果你仍旧不舒服，我就送你回去。如果继续走，我帮你背包。"好胜心强的我，当然选择继续前行，Sindy把我的背包背在胸前，背上背是她的背包。为了帮我试探前行的道路，她慢慢走在我的前面。看着她的背影，我的心中充满了感动。

除了上述的运动外，骑行一直是我无法跨越的鸿沟。在高中时代，作为一名寄宿生，我每个月只有一个周末能回家。我需要骑着那辆二八大杠自行车，历时两小时，穿越40多千米高低起伏的道路，其中还包括一个七十多度角的陡坡。有一次回学校的路上，当我正急速下坡时，突然发现迎面驶来一辆大型货车。我一时紧张，失去了平衡，连人带车从高坡上重重摔了下来。那次经历给我留下了深刻的心理阴影，不仅是身体上的疼痛，还有心灵深处的恐惧，让我一直将骑行视为洪水猛兽。

多年过去，每当回忆起那个瞬间，我的心头就会涌起阵阵激动。曾经有好朋友特意把我带到一家自行车专卖店，为我挑选一辆专业的骑行自行车，我一转头找了个理由就离开了。

直到2021年8月7日，在上海青浦区泖河边，我终于完成了真正意义上的第一次骑行。飞哥从车行借来了两辆通勤车，让我和小丽一起尝试。在兄弟姐妹们充满期待的注视下，我勇敢地骑上了自行车，沿着泖河边的林荫道一路骑行而去。

少女时代留下的心理障碍终于在中年的那一刻得以突破。我那时才发现，原来所有的困难都是自我设限。内心虚拟的牢笼堪比世间任何真实的铜墙铁壁。勇敢地踏出第一步，就已经是胜利了。

第一次接触旱地冰球

2023年，我们经历了诸多挑战，但也收获了许多欢笑和感动。那一年里，我频繁出差，其中出国七次，出差时间最长达26天，最短也有十天。同时，在那一年里，我还参加了五次全国性赛艇比赛，足迹遍布上海、南京、大连、青岛、香港。在大海中与风浪搏击，虽然让我筋疲力尽，但也赋予了我前所未有的力量，拓宽了我的视野和边界。

突破未知的舞台

2023年11月6日，WIFFA（国际货代联合会）在上海浦东国际会议中心举办了年度会议，并同步举办了航运女企业家论坛。我有幸受邀参加此论坛，并成为唯一上台致辞的女企业家。

上台时，由于匆忙，我不慎将手机遗落在座位上，手机里存有我所有的演讲提示词。我深吸一口气，迅速调整情绪，让自己冷静下来。我告诉自己，"发言的顺序和内容的长短并不重要，重要的是我要用真挚的情感去触动和激励大家。"那一刻，我真心渴望与她们建立联系。望着台下700位航运界的企业家和主管们，我的心中充满了对她们的爱与敬意，我不由自主地露出了灿烂的笑容，随后开始了我的发言。

虽然发言时间只有十分钟，但也足以让我充分表达。从大家热烈的掌声中，我感受到了自己的力量，也感受到我给姐妹们带去了满满的正能量。我也坚信突破自我，便能拥有足够的智慧与力量去克服任何挑战与障碍。

在一次中欧国际工商学院校友的聚餐上，大家聊起了《繁花》的剧情。恰好在场的有学校剧社的导演和会长，他们透露正在筹备一个小话剧，以作为《繁花》的另一种延伸与呈现，想邀请我一同参与演出，为我安排了一个气场强大的角色让我尝试。

由于担心自己无法胜任，我起初表示了拒绝。这时，Julia导演在一旁说道："在剧中，你与所扮演的角色是融为一体的，你就是那个角色，你可以全身心地体验角色所经历的一切。也就是说，你只需要怀揣着角色的情感进入剧中，安然地存在、欣然地接受、坦然地生活，这就足够了。"

原来这就是表演的真谛所在！人生如同一场大戏，我们每个人都身在其中，也应该去演绎好自己的一生。言语未出，心中的结局已经演绎了千百遍；身体未动，心中的思绪却已经跨越了万重山峦。

▎我的觉察和思考

自从与运动结缘，我学会了跑步、赛艇、骑行、攀岩、游泳，甚至还有幸与世界太极冠军杨德战老师学习太极。我对运动有了更多深刻的个人感悟：不同的运动，各自散发着独特的魅力。

跑步，犹如一场与自己的深度对话，仿佛有源源不断的动力，吸引着无数商界精英投身其中；徒步，则像一首充满咏叹调的宋词，不一定工整，却在长短交错中蕴含着无尽的韵味与深意；骑行，如同一首欢快而悠扬的进行曲，那些掠过眼前的风景，就如同进行曲中跳动的音符，让人嘴角不禁上扬；赛艇，则像押韵又优美的唐诗，双桨在分分合合中共同前进，这种双向奔赴的感觉，自有其独特的风情与韵味；攀岩，则仿佛曲径通幽的苏州园林，场地虽小，却别有洞天，充满挑战与惊喜；太极，则更像是一种舞蹈，用身体去感受宇宙的奥秘，你中有我，我中有你，彼此相融，共同呼吸。

运动，就是借助自己的身体去体验并表达这个大千世界的万千气象与无限可能，去感应宇宙天地间的自然万物。它教会我们如何将强硬转化为柔软，如何在身体的律动中感受到能量的流转，如何在持续的锻炼中发现自我提升与变化的魅力。

在人生的旅途中，我们会遇到许多挑战。但请记住，痛苦仅仅是当下的一种生命体验，苦难也只是人生道路上的一次历练。它们并非永恒不变，也不值得我们长久地铭记于心。正如我们在运动中不断自我突破，挑战自我极限一样，生活中我们也同样拥有智慧和能力，去勇敢地走出痛苦的困境，突破自我束缚，向着更加美好的未来迈进，绽放生命的光彩。

03 不带壳出行

在一次闲聊中，111 群里的小丽说自己是巨蟹座，坦言因为害怕受伤，所以从小到大总是用坚硬的外壳来保护自己。然而她也表示，其实内心非常渴望能够卸下这层保护壳，自由地出行。

我沉思了片刻，然后回应她："不带壳出行，确实需要巨大的勇气，但更重要的是，它还需要深厚的心力作为支撑。"

▌什么是勇气

当我们离开父母的庇护，独自步入广阔的世界；当我们踏上充满未知的创业之旅；当我们孤身一人跨越重洋去往异国他乡；当我们独自承受身体的病痛与生活的煎熬时，我们往往发现自己并没有坚硬的"壳"来遮风挡雨，所能依靠的，唯有自己那颗柔软而坚忍的心。

我们需要从内心深处生发出来的力量，勇敢地面对每一个问题和挑战；我们需要倾听内心的声音，寻找解决方案，探寻破局之道。经过一次次的磨砺和难以言说的心灵成长，我们那柔软的内心逐渐变得坚忍无比，不知不觉中，它已化身为坚硬的铠甲。这或许就是"笑对人生"的真正实力。

这样的转变并非一蹴而就，它需要我们不断地自我探索、自我挑战和自我超越。每一次跌倒后的重新站起，每一次失败后的再次尝试，都是我们成长道路上的宝贵财富。我们学会了如何在逆境中保持乐观，如何在困难面前展现出坚忍不拔的精神。最终，我们成为自己的"掌舵人"，积累了丰富的生活经验，学会了不再被外界的否定所左右。曾经的痛苦、悲伤和厌恶，也在这一过程中渐渐淡去，我们的内心变得更加坚定与从容。我们不再迷茫，也不再徘徊，因为我们开始清晰地认识到自己想要成为怎样的人，内心对未来充满了期待和憧憬，每一步都走得更加坚定和自信。

风，既能轻易地熄灭微弱的蜡烛，也同样能使火焰燃烧得更加旺盛。在这个世界上，每个人都不可避免地会遭遇一段充满无助和绝望的时光，可能是生活的失意、事业的受阻、他人的误解与诋毁，甚至是前途的迷茫。然而，真正的强者，正是那些能够将低谷视为人生修炼场，把困境转化为成长契机的人。

强者并非永不落泪，而是拭去泪水后，依然能够坚定地前行，坚忍不拔。人与人之间的差异，主要在于能否跨越这些难关。一旦跨越，便会发现自己已焕然一新，仿佛脱胎换骨一般。

前面提到，2020年春天，一场大病让我的生活骤然停滞。3月26日晚，我要进行第二次手术。我躺在瑞金医院的病床上，彻夜难眠，泪水无声地一次次滑落脸颊。我反复质问自己："为何偏偏是我遭遇这一切？人究竟为何而活？如果生命就此画上句号，我是否会留下满满的遗憾？如果上天再赐予我继续生存的机会，我又该如何重新规划我的余生呢？"

那时，我内心充满了恐惧与自责，仿佛被囚禁在无尽的苦难深渊之中。这是一道无人能陪伴的坎，我只能靠自己的勇

在悠闲的午后独自阅读和思考

气,坚强地跨越过去。我不应抱怨任何人,无论是事业上的伙伴、亲爱的家人朋友,还是工作中的种种挑战。因为无人需要为我的状况负责,这一切皆是我自己的选择,是我宝贵的经历,也是我独一无二的人生旅程。我接受并勇敢地承受这一切,坦然面对,因为我知道这是我人生不可或缺的一部分,是我蜕变的起点,也是我勇敢迎接人生下半场锤炼的必经之路。

我特别感激那场大病。在家休养期间,工作暂时放缓,我拥有了更多与自己独处的宝贵时光。我开始进行更深刻的自我反省,深入洞察自己的内心世界。在那些宁静的时刻,我悠然地欣赏窗外蓝天白云的变幻,感受着春天的气息,细察每一天的微妙变化,珍惜当下每一个美好的瞬间。我渐渐意识到,我的身体是上天赐予我此生最珍贵的礼物。它不仅承载着我的梦想与使命,还展现着我内在的思想与气质,助我抵达世界的每一个角落。如此重要的"存在",我怎能不倍加珍惜?我应当悉心呵护这份宝贵的礼物,学会与它和谐共处,感恩它赋予我的一切。

现在,我终于领悟到一个深刻的道理:真正塑造和成就我们的,是冲破人生中至暗时刻的那份勇气。正是这份勇气,让我们能够在人生的道路上勇往直前,拥抱每一个崭新的开始。

什么是心力

2020年的夏天,我陪伴几位朋友一同前往风景如画的千岛湖,他们即将参加一场铁人三项比赛。那天,风和日丽,天空格外晴朗。和煦的阳光如细丝般洒在波光粼粼的湖面上,微风轻轻拂过,带来一丝丝沁人心脾的凉意。我举目望去,比赛终点处悬挂的横幅上,印着几个醒目而富有深意的大字:"心无惧,才有趣。"

铁人三项，这无疑是一场对人类极限的严峻挑战——参赛者须在湖里游泳 2 千米，接着在公路上高速骑行 40 千米，最后再奔跑 10 千米。这样的运动，恐怕只有那些内心无所畏惧的人才能从中找到乐趣吧。

后来，我常常思考："究竟怎样的内心才能无惧？什么才是真正的有趣？"在现代社会中，尤其是对于女性而言，似乎总是背负着太多重担，如责任、感情、孩子、丈夫、父母、事业、梦想和使命，这些无形的重担常常让我们喘不过气来。如此情境下，心里如何能做到无惧？人生又如何能变得有趣呢？

人生，无非是一场生命的旅行。在这场旅行中，我们应当怀揣一颗无所畏惧的心，尽情体验生活的每一个瞬间，勇敢探索未知的领域，努力寻找并拥抱那个深藏于内心深处的真实自我。如此，这场旅行才会充满乐趣。

人的存在，大致可分为两种状态：一是受苦的状态，二是平和喜悦的状态。那么，如何将受苦的状态消除或转变为平和喜悦的状态呢？关键在于，成为自己内在状态的观察者。通过保持内心的平静与自我连接，我们能够触及更深层次的智慧，感受生命的和谐与美好。而定期冥想，作为一种有效的练习方式，可以帮助我们消除内心的抗拒和束缚，进入一种更加流畅、自在的生命状态。

在朋友的推荐下，我阅读了《有限与无限的游戏》这本书。虽然它篇幅不长，但内容深邃，初次阅读时颇感费解。或许是因为年轻、未经世事，心中总是充满迷茫。然而，历经岁月洗礼之后，当我再次翻开这本书时，却仿佛豁然开朗，对书中的深意洞若观火。人生，就像一场有限的游戏，我们的肉体终将消逝，但"真我"是一场无限的游戏。因此，我们应当快乐地体验生命的过程，不问东西，不问结果。如此，这场游戏才会变得有趣。

我们这一生中，会遇到许多挑战和困难的时刻。面对这些时刻，我们能做的就是勇敢地迎接，不逃避。我们需要培养一种心生欢喜的能力，满怀感激地接纳它们，将每一次挑战都视为生命赐予的美好礼物，是成长与蜕变的千载难逢的良机。正是这些机会，让我们得以确定并获得真正的自我，从而更加深刻地了解和享受这一生的旅程。一个人最大的成长，莫过于心力的增强与提升。

我的觉察和思考

在这个充满挑战与未知的世界里，我们需要拥有无畏的勇气和坚不可摧的心力。勇气使我们在逆境中屹立不倒，即使在最艰难的时刻，也能坚定地眺望前方，不屈不挠；而心力则是我们内在的支柱，它赋予我们面对困难时所需的智慧和毅力，使我们在风雨中依然能够保持内心的平静与清明。

勇气和心力，宛如人生旅途中的指南针，在我们迷失方向时，指引我们找到正确的人生道路；它们又如同一双强大的翅膀，让我们在广阔的天空中自由翱翔，体验生命的无限美好。

当我们卸下沉重的外壳，以最真实的自我面对生活时，世界将变得更加宽广，生活也将变得更加精彩。我们不再被过去的恐惧所困扰，不再为未来的不确定性所束缚。我们以一颗开放的心，去拥抱每一个当下，珍惜每一次相遇，体验生活的每一份馈赠。

04 不期而遇的温暖

毕淑敏在《生活要有暖和光》一书中写道:"即使你在忙碌中感到疲惫和厌倦,也请不要妥协、放弃或陷入消沉。因为生活的本质在于那些不期而遇的温暖,以及生生不息的希望。"对此,我深表赞同。在我的生活中,我也曾面对无数的挑战和困难,有时压力之大,仿佛一座座沉重的山峦,让我几乎无法呼吸。然而,正是在这样的时刻,一些小小的温暖总是不期而至,重新点燃了我前行的勇气。这些温暖可能是一次不经意的帮助,可能是一个微不足道的瞬间,也可能隐藏在某个转角处,甚至融入每一次呼吸之中。

异国他乡的善意和关怀

因为工作的原因,我常常一个人跨境出差。最近几年,更是频繁往来于合作伙伴之间,几乎每年都有 2~3 次的非洲之行。

记得有一次,我在坦桑尼亚完成工作后准备回国,途经埃塞俄比亚转机。由于航班的起飞时间在半夜,我在埃塞俄比亚航空公司的 VIP 候机室里享用晚餐后,便坐在一张红色的单人沙发上等待。

然而,命运似乎总喜欢在不经意间给人带来惊喜。就在临近登机的时候,广播突然响起,告知"由于降落地上海正遭遇大暴雨,航班不得不延误到次日早晨起飞"。我立刻冲到服务台,希望是自己听错了,但得到了确认后,我的心情瞬间跌入谷底,沮丧地回到了沙发上。

我坐的红色单人沙发靠近候机室的门口，虽然不算宽敞，但在满是滞留转机旅客的大厅中，它已经算是一个不错的避风港。我喝了一杯温牛奶，然后脱下鞋子，蜷缩在那个单人沙发上，试图在这个孤独而疲惫的夜晚尽可能舒适地睡一觉。

就在我准备闭眼休息时，一位印度女子朝门口走来，似乎准备离开去登机。经过我的座位时，她停下了脚步，俯身微笑着轻声说："女士，你可以去里面的休息室，那里你可以躺下来休息。"我还没来得及反应，她就优雅地推开门走了出去。

看着她的背影，突然记起刚才我在服务台询问时她也在旁边。也许她注意到了我失落的表情和孤独感。我起身去寻找，果然在大厅最靠里的一个角落里发现了一个小小的休息室。

房间里布置着三张长沙发和一张躺椅，其中一张长沙发空着。我心中一阵欣喜，立刻走过去惬意地躺下，享受了一个相对轻松的机场之夜。

人生的每一段旅程，都是生命赋予的一份珍贵礼物，其中蕴含着惊喜与奇妙。那一夜，尽管我身处异国他乡，置身于一个既陌生又熟悉的机场，但我依然能够感受到人与人之间那份最纯粹的善意与关怀。这使我更加坚信，无论身在何方，人间的温暖与情谊总是无处不在。

与大自然相遇的美好

除了人与人之间温暖的互动，人与大自然之间也存在着许多美妙的邂逅。在这个喧嚣繁忙的世界里，我们常常忽略了大自然那无声却强烈存在的美。

2022 年 4 月 28 日，上海下了一整天的大雨。夜晚时分，我独自站在书房的窗前，聆听雨声。

雨声宛如自然界演奏的交响乐，时而轻柔细腻，时而激昂澎湃；既有悠长的旋律，也有短暂的停顿，还有静默后的骤然爆发。正当我沉浸在这美妙的乐章中时，一阵强风突然袭来，带着呼啸声从书房的窗口涌入，拨动了窗前古筝的琴弦，发出了一阵幽婉的旋律。书房虚掩的门也被风轻轻吹开，仿佛是大自然回应了我的邀请，特地来到家中做客。那一刻，我深切地感受到了与大自然的紧密连接，真实而强烈。就在那个瞬间，一句话清晰地涌入我的脑海："自然神奇，人间值得。"

我对雨情有独钟，尤其偏爱江南的夏雨，它带着一种难以言喻的诗意与柔情。我曾经在杭州西溪景区内的一个民宿度过了两个星期的美好时光，其间经历了两场与上海截然不同的雨。

那是一个充满温馨与别致的古朴院落，青砖黛瓦，石桥俏丽，尽显古朴风韵。门前绿竹轻轻摇曳，窗前池塘碧波荡漾，仿佛一幅生动的画卷。一踏入院门，便是玄关墙壁，它静静地守候在那里，引领着人们探寻院中的奥秘。墙壁之后，方方正正的院中水池映入眼帘，池中绿树亭亭如盖，四角睡莲竞相盛开，浅浅的池水中，鱼儿自由嬉戏，为这宁静的院落增添了几分生机与活力。

空气中弥漫着泥土与植物的清新气息，让人心旷神怡。前后两座二层小楼安静而淡定地矗立着，宛如江南秀气雅致的女子，散发着独特的魅力。我住的这座二层小楼，一楼是宽敞明亮的大厅。大厅一分为二，一半是客厅，摆放着大大的古树长条桌和几张方桌，落地玻璃窗的设计让室外的池塘、绿树和古屋尽收眼底，美不胜收；另一半则是餐厅和舒适的沙发区，一侧的墙上是一个大书架，摆满了各种书籍，书香气息浓郁，让人不自觉地沉浸其中，心灵得以安宁。

身处这样的环境之中，无疑是一种难得的幸福，一种令人心生向往的诗与远方的体验。在这里，时间仿佛变得缓慢，让人忘却尘世的喧嚣与纷扰，只愿沉浸在这份宁静与美好之中。

6月中下旬，虽未至盛夏，天气却已渐显酷热。清晨时分，我轻步走下楼来，大厅里一片宁静祥和。阿姨已在院中忙碌，身着白衣，与青色古朴的建筑融为一体，宛如一幅画卷。清晨的睡莲依然绽放，展现出妙曼的姿态。四只毛茸茸的小黄鸭在水中欢快地游弋，为这宁静的早晨增添了几分生机。

窗外，云淡风轻，池塘中碧波荡漾，缓缓推向岸边的绿树青草，宛如一幅动态的水墨画。我独自坐在安静的客厅里，品尝着阿姨精心准备的清淡可口的早餐。工作和生活中的焦虑与无奈，在这个清晨仿佛得到了彻底的治愈。这份不期而遇的温暖，如同春风拂面，深深抚慰了我的心灵。

夏至节气时，第一场雨悄然而至。那天下午，我们一行人聚在民宿大厅，计划傍晚前往邓飞师弟的花开岭。然而，出发前两小时，天空突然下起了大雨。男士们顺势围坐一桌，打牌消遣，而我和子淑则边品茶边忙着各种摆拍，乐此不疲。阿姨见我们在客厅里玩得如此开心，便贴心地切了西瓜送过来，增添了几分夏日的清凉。

那一刻，我脑海中浮现出古人在夏至时节的雅事：静坐、听风、赏雨、品瓜、饮茶、听蝉鸣、赏花香。这些简单而纯粹的美好，让我内心深处涌起一种自然而然的欢喜，瞬间溢满全身，仿佛与这美好的时节融为一体。

在那个夏至的傍晚，我不经意间真真切切地感受到了那份遥远的雅致。接天的荷叶无边无际，碧绿一片，这正是夏至的模样；楼台的倒影映入池塘，宛如夏至在梳妆打扮；树影疏离，蝉鸣声声，那是夏天的呐喊；繁星点点，顾盼生辉，构成了夏天的美丽画卷；花朵娇艳，摇曳生姿，演绎着夏天的舞蹈。而这场突如其来的大雨，无疑就是夏天的鸣奏曲，它让我们感受到了与自然和谐共存的幸福。

在杭州的第二场雨，是我独自享受的静谧时光。那晚，我和一位杭州的朋友共进晚餐后回到民宿，突然间大雨倾盆。空气变得凉爽宜人，蝉鸣也在雨声中悄然沉寂，只剩下沙沙的雨声回荡在耳边。我推开门走进客厅，发现只有阿姨安静地坐在角落里看着手机。

我突然心血来潮，跑到院子里，坐在屋檐下的长条凳子上，近距离地欣赏这场夏雨。浑圆的雨滴从天而降，落在院中水池的中央，仿佛是密密麻麻的宇宙信息电波。雨滴从四周的黛瓦上滑落，形成雨线，最终汇聚在院中的水池四周。

那一刻，我仿佛听懂了这宇宙的语言，体验到了世间的悲欢。万物皆为一体，彼此相连。宵漏夜短，夏梦正长，我不禁在这样的夜晚深思。春有百花秋有月，我们究竟欣赏了几次？夏有凉风冬有雪，我们又真正体验了几回？自然界的每一次更迭，都是对生活的一次新的诠释；四季的变换，不仅仅是时间的流转，更是不同的生命体验，让我们在岁月的流转中感受生活的丰富多彩。

我的觉察和思考

结伴而行，共同体验生活的点滴，无疑是一种温暖与美好的体现。然而，独自一人静静地欣赏和品味世间的美好，同样也是一种别样的温暖与美好。无论是与他人共享，还是独自品味，每一种体验都是生活赋予我们的珍贵礼物。它们让我们的世界变得更加丰富多彩，让我们的心灵在岁月的洗礼中变得更加宽广而深邃。正是这些宝贵的体验，让我们的生命之旅充满了无限的可能与期待。

05 生生不息的希望

如果"暖"代表不期而遇的温馨,那么"光"便是生生不息的希望之光。

生生不息,象征着一种永恒的循环,是推动生命之轮不断前行的力量。在我看来,生生不息蕴含着向下扎根与向上生长的双重意蕴。向下扎根,意味着我们在人生的旅途中要不断探索、学习和积累,这是一个深入自我、深入生活、深入世界的历程;而向上生长,则代表着我们持续追求进步与发展的渴望,是对未知的勇敢探索,对自我的不断超越。

生生不息的希望,让我们坚信,无论面对多少挫折,总有一股力量支撑着我们继续前行。这股力量,可能源自生活中的细微之处,可能来自家人的陪伴,也可能来自生命中那些重要的朋友。

女性之间的友谊,有时并不如散文或诗那般飘逸,却更像是对仗工整的绝句,蕴含着温暖的旋律与优美的结构。它或许不似兄弟情谊那般义薄云天,但能超越时间与空间的限制,定格在那些流逝的光阴之中。每当回想起这些时光,我们的心中便充满了温暖。

独库公路上的情谊

2021年7月中旬,正值繁忙的半年会结束之际,我收到了来自新加坡的那位既可敬又可亲还可爱的秀娟教授的邀请,共赴新疆之旅。我无暇喘息,迅速整理好行装,于次日清晨满怀期待地前往机场。与我同行的还有我的闺蜜静静,以及不经意间加入我们三个女人行列的波波同学。

我们乘坐一辆商务别克车前行，由一位皮肤黝黑的司机驾驶，三个女人欢呼雀跃，还有一个默默付出的暖男，就这样，我们的新疆度假之旅拉开了序幕。

尽管我曾三次踏足新疆，但穿越全长 561 千米的独库公路，对我来说是一次全新的体验。随着汽车在蜿蜒的山路上飞驰，我们的心情也从最初的兴奋拍照，逐渐转变为对窗外壮丽景色的惊叹和尖叫。那弯弯曲曲的盘山路本身就是一道迷人的风景线，而穿梭其中的各式车辆更是为这道风景增添了点睛之笔。不远处，层峦叠嶂、千姿百态、忽远忽近的连绵山脉，交织着绿色、白色和灰色，犹如大自然的调色板，绘制出一幅幅壮阔的风景画。

当汽车缓缓驶上海拔 3 390 米的哈希勒根达坂时，眼前出现了大片大片的雪山，仿佛触手可及。最终，在一片北山背阴处，我们决定停下脚步。穿上冲锋衣，戴上围巾，我们勇敢地与皑皑白雪进行了一次亲密接触。这种反季节的强烈体验，让我们仿佛置身于瑞士的阿尔卑斯山中，每个人的脸上都洋溢着无法抑制的喜悦和欢笑。

继续前行，我们抵达了小龙池，一个美丽的高原湖泊。尽管湖面不大，但它静静地镶嵌在巍峨的群山之间，因此显得尤为珍贵，宛如新疆大地上一颗独特的碧玉，熠熠生辉。

长途跋涉八个小时后，我们终于在下午五点抵达了赛里木湖。在新疆这个充满魅力之地，下午五点的阳光依然灿烂，仿佛如上海下午两点一般。

赛里木湖，作为大西洋暖湿气流最后眷顾的地方，被誉为"大西洋最后的一滴眼泪"。它如同大自然精心雕琢的一块通透无瑕的蓝宝石，湛蓝的湖水在微风的吹拂下荡漾起一圈圈涟漪，宛如微笑的面容。蓝天白云倒映在湖中，远山含黛，波光粼粼，天地之间一片静默，岁月静好。我们在湖边摘了一束野花，捧起一抔冰凉透彻的湖水，聆听着湖水冲击岸边碎石的天籁之音，心中不禁感叹："原来美好如此贴近我们！"

新疆赛里木湖畔

在这样如诗如画的仙境中度假，无疑是人生中的一大幸事。而更为难能可贵的是，那些我们彼此敞开心扉、坦诚相对的温馨时刻。我清晰地记得，在新疆民宿的那个清晨，幔帐轻轻挽起，窗外青山含黛，绿水环绕，微风拂面，阳光正好，一切都显得那么和谐而美好。

波波同学一如既往地早起去跑步，跑了整整十千米，还顺路给我们买了一个大大的哈密瓜，真是既贴心又实在。我们三个女人在民宿的院子里共进早餐，悠然地品尝着醇香的咖啡，敞开心扉，深入探讨着人生的各种境遇和情感体验。我们毫无保留地分享着自己的困惑、挑战以及种种不舍，当说到痛处时，任由泪水自然流淌，寻求彼此间那份"懂得"和"感同身受"的精神慰藉。

女性，是一个多面而复杂的群体。她们以柔软的姿态存在于世，却也常常需要展现出坚强的一面。在商业战场上，她们有时需要像穆桂英一样挂帅出战，披上厚厚的铠甲，勇往直前。然而，当她们卸下战袍，回到家中，就会卸下所有的防备和重负，回归到那个最初的女儿态，渴望得到疼爱、怜惜和安抚。随着岁月的流逝，人到中年，这样的女儿态也仅仅在面对最亲密和最信任的人时，才会完全展现出来。

一旦建立了信任，它就会如同源泉一般，不断地涌现和释放。在后面的两天旅途中，我们时常会在车上谈及这个话题，偶尔，泪水也会不自觉地滑落。但每一次，我们都会以"我理解你，我懂你"的温柔话语作为慰藉，让心灵得到安抚和治愈。

所以说，女性之间的友谊是非常细腻的，同时也是尤为脆弱的。然而，一旦达到"我懂你"的深层境界，就会有一种"心有灵犀一点通"的美好感受。我们会用至善至真的态度来对待彼此的付出，共同浇灌着友谊这朵美丽之花，让它长久绽放。

友谊之所以能够长存，背后是因为我们拥有着共同的底层代码，那是一种即使不用彼此拥抱，也能心意相通的美好对待。这份深厚的情谊，让我们的生活更加丰富多彩，也让我们的心灵得到了真正的慰藉和滋养。

百花齐放的花园

在赛里木湖边尽情玩耍了两个小时后，我们四人决定在湖边一家充满情调的餐厅用餐。我们一边品尝着新疆的特色美食，一边欣赏着窗外碧蓝静谧的湖水和被夕阳染红的大片云朵。那一刻，我突然意识到，女性的美就像大自然中各式各样的花朵，千姿百态，各具特色。她们有的热情奔放，有的清新脱俗；有的温柔细腻，有的坚忍不拔；有的雍容华贵，有的朴实无华。她们的美，有的四季常开，有的一夜凋零；有的孤芳自赏，有的群体争艳；有的绚丽多彩，有的素雅清新。她们有的怒放在枝头，有的匍匐在地面；有的被养在温室中，有的则野生于天涯。

当我分享了这个观点后,教授邀请同行中唯一的男士波波同学为我们三位女士赋予花语。波波同学看了教授一眼,不假思索地说:"莲花。"教授闻言,抚掌大笑,显然对这个答案非常满意,但随即又补充说:"那是以前的我,现在的我更像郁金香。"

接着,波波同学转向我,认真地说:"牡丹。"我哑然失笑,半开玩笑地反驳说:"不,我认为自己是怒放在枝头的白玉兰。"但他坚持自己的见解:"你的气质和气场更像大气的牡丹。"

最后,波波同学的目光落在静静身上,沉思了片刻后,缓缓说道:"玫瑰。"静静悠然地点了点头,咂吧着嘴说:"感觉还不错。"波波同学也悠然地补充道:"嗯,带刺儿的玫瑰。"

第二天的早餐时刻,我仍然对这个话题充满痴迷。于是,我忍不住向教授询问:"我是否可以打造一座花园,让各种花卉在这里百花齐放?这样,清风徐来,每朵花都能各自盛开,美在四季,常开不败。"

这个想法就像一颗种子,悄然在我心中生根发芽,并带给我生生不息的希望。令我惊喜的是,这颗种子竟然在如此短的时间内开花结果——2023 年,我有幸担任了中欧国际工商学院女性领导力联盟(合花会)的会长,实现了我的心愿。

合花会就像一座专门培育和展现女性多元美丽的花园。在这里,每一位女性都是一朵独一无二的花朵,她们拥有各自的色彩和香气。我致力于让每一位女性都能在这里找到属于自己的位置,展现自己的才华和魅力,让这座花园更加繁盛,让女性的美丽在这里璀璨夺目,绽放无尽的光彩。

▍林芝桃花开

人们常说,人间最美的时节便是四月天,而此时的西藏林芝,正是桃花盛开的芬芳时刻。这个计划了两年的行程，终于在 2024 年 4 月得以实现。我怀揣着激动的心情，第一次踏上了这片纯洁而神圣的土地。

林芝城虽不大，但站在城里的任何一个地方，抬头远眺，目光所及之处都是那洁白无瑕的雪山。朵朵白云仿佛永不分离的爱人，整日缠绕在山巅，为这座纯净的城市增添了几分宁静与祥和，也让我们的心灵变得温润起来。在这里，我们都不敢高声言语，生怕惊扰了天上的神仙。

到达的第一天中午，我们在酒店餐厅用餐。同行的小雅提议进行一场服装沙盘推演，她说："服装是心灵的镜子，可以透过一个人的穿着来判断其内心世界。"接着，她以我为例，指出我的衣服都是优雅气质型，但不那么舒适宽松。我笑着反驳："这就是我最舒适的穿着，也是别人眼中最漂亮的自己。"

这时，秀娟教授在一旁插话道："你是否尝试过突破自己的潜力呢？服装穿着不设限，人生的很多事情也同样如此。你是否尝试过展现一个不同的自己？"教授的话仿佛一道光照进了我大脑的缝隙之中，让我瞬间呆住。我幡然醒悟，感激地抱住了教授。

确实，人生不应设限。我被教授的睿智和通透深深折服。虽然这句话只是她无心之言，但成为我人生中一个重要的自我觉察的瞬间。也许，这就是生生不息的力量，它驱使我不断地发现全新的自我。

林芝给我的惊喜，不单是那盛开的桃花，还有一次次与雪山相遇的经历。

到达的次日，我们先去欣赏了那漫山遍野的桃花。高高低低的粉红色桃花，配上满地的鹅黄色油菜花，构成了一幅绝美的画卷。半山桃花半山仙，这正是一年中最美的春天。随后，我们跟随导游前往色季拉山。当我们到达海拔 4 728 米高的山顶时，我仿佛踏进了仙境。四周白茫茫一片，全是高低起伏的雪山。站在这片纯洁之地，我向群山许下了美好的心愿。我感激能有这样一个机会，让我能够如此近距离地向群山倾诉心声。

林芝的桃花

在回来的路上，大雪纷飞。漫天飞舞的雪花中，车窗外层层叠叠的雪山若隐若现，给人一种神秘莫测的感觉。春风一度，花千絮起，而最懂春语的莫过于这雪花。在这样的人间四月天里，偶遇这样的大雪纷飞，仿佛一个个精灵在群山环绕中欢快地舞蹈，庆祝着宇宙自然的神奇。我的内心深处充满了幸福，那是一种生生不息的希望在涌动。

在最后一天的行程中，我们原计划是去雅鲁藏布江大峡谷。然而，由于种种原因，教授选择留在酒店召开工作会议，于是我们几人临时决定前往措木及日冰湖，它在藏语中的意思是"观音的眼泪"。在出发之前，我以为那里只是一个临时替代的旅游景点，但当我真正到达时，才发现它原来是一份惊喜的生命礼物。

措木及日冰湖是一个位于高山之上的冰湖。我们从山下拾级而上，仿佛缓缓走进一个童话世界。成千上万棵松树密密麻麻地列队在满山满谷，就像整装待发的千军万马，穿着纯洁的战服，向我们展示着神奇和神圣。原本我是来看桃花的，却意外地看到了无数的雪花。我站在被皑皑白雪覆盖的木栈道上，抬头仰望树枝上的雪花。这些在树枝丫条上自然开出的"花"，纯白无瑕，或大或小，偶尔微风吹过，它们簌簌落下，融入地面的洁白之中。我赞叹大自然的馈赠，它在不经意间，为我带来了最好的安排。

当天晚餐时，我被教授临时点名分享此次行程的感受。所有的美好和惊奇都涌上心头，我从容自若地将它们倾诉而出。大家静静地聆听，陷入了沉思之中。

听完后，小雅说我的内心仿佛住着一位纯情少女，而我的语言表达则充满了蓬勃的生命力。教授也给出了她的反馈："实际上，你的内心深处住着一对矛盾却又和谐共处的女人。一个是文艺青年，她对生活有着细腻的感知，对自然有着美好的觉察，对人性有着深入的洞察；而另一个则是创业的独行者，她必须雷厉风行，面对挑战和未知，经历各种痛苦和黑暗。但是，你不必担心这样的矛盾存在，允许它们和谐共存，反而会让你更加充满魅力、与众不同。作为文艺女性的你，会在创业之旅中更深刻地体会和感知生命力；作为创业女性的你，会拥有更丰富、更丰盛的人生阅历，便于你更用心地用文字表达生命的感悟。当生命走到最后，一切都归零，你不必焦虑纠结，觉得需要舍弃一个留存一个。没有必要，一切顺乎自然，这样的矛盾和谐统一，就是那个最好的、最有魅力的你。"

▍我的觉察和思考

在人生的漫长旅途中，我们会遇见无数的人，然而，大多数人只是匆匆过客，转瞬即逝。而那些在彼此生命中留下深刻印记的朋友，必定是在某些层面上深深地影响了我们，在某些空间里悄然改变了我们，或在某些瞬间中强烈地感动了我们。这些珍贵的经历定格成永恒，深藏在彼此的内心深处，成为我们人生中宝贵的财富。它们留在我们的身体里、情绪里、行动里，化作我们生生不息、前行的动力。

回望过去，我们常常会有一种恍惚感，仿佛那些经历都曾在梦中预演过。左边有多少的期待，右边就有多少的呈现，仿佛一切早已注定。也许，这就是缘分，让我们的生活充满了奇妙的相遇和美好的可能。

06 茶道与人生智慧

我曾去过各式各样、大大小小的茶楼，也多次受邀参与专业的品茶活动。每一次经历，都让我对茶文化有更为深刻的认识和体会。其中，令我印象深刻的，是在上海青浦和睦村的饮光山房开业之时，我有幸品尝到了三款普洱茶。那茶不仅深深触动了我的味蕾，更让我感受到了一种难以言喻的美好。或许，那些美妙的感觉并不完全源自茶本身，而是通过茶的引领，让我触及了心灵深处的某种独特感受。这不禁让我想起一句话："少年不知李宗盛，听懂已是曲中人。"品茶之道，亦是如此。

"饮光"这个名字，源自茶楼掌柜的师父。蓓蓓与掌柜的夫人是在云南学习茶艺时结识的闺蜜。作为蓓蓓的运动好友，我们有幸被安排在了"叒光"包房品茶。"叒光"，寓意着团结之光，象征着多个友人为了同一个目标，彼此相辅相成、共同努力的美好愿景，真是一个充满深意的名字。

岁月沉淀的普洱红丝带

我们一行 11 人进入"叒光"房，依次入座。室内的装饰典雅而又不失现代感，营造出一种宁静而舒适的环境，让人不由自主地放慢了呼吸，沉浸在这份宁静之中。

不久，一位身穿土黄色经典旗袍工作服的茶艺师款款而入。她是一位很年轻的姑娘，气质温婉，面带微笑，给人一种如沐春风的感觉。

茶艺师优雅地落座后，从茶具中取出第一款茶叶放入紫砂壶中，并介绍它是有着 20 年历史的普洱茶，名字为"红丝带"，属于熟普类别。接着，她用一把精致的方形银壶开始烧水，并解释："这款茶需要较高的温度才能充分释放茶叶的香气和味道。"

水开后，姑娘开始泡茶。此时，大家不再说话，目光都聚焦在她的手上。只见她提起银制热水壶，均匀缓慢地将水注入紫砂壶中，再拿起紫砂壶，金黄色的茶汤便缓缓流淌到玻璃壶中。在灯光的映照下，那茶汤宛如琼浆玉液，散发着经过岁月沉淀后的温润色泽。

随后，姑娘优雅地将玻璃壶中的茶汤倒入我们面前的陶瓷茶杯中。我们纷纷端起茶杯，轻抿一口，细细品味那独特的茶香与韵味。

第一泡，茶汤的色泽较浅，带着一丝清新淡雅的气息。它轻柔地拂过舌尖，留下淡淡的清香，令人心旷神怡。

第二泡，茶汤的颜色愈发浓厚，从金黄色变成了琥珀色，宛如宝石般璀璨。品饮入口，茶汤的质地变得极其顺滑，还带有松香的甜蜜和糯糯的清香。待茶汤流入胃中，一股回甘缓缓涌上喉咙，带来一种难以言喻的幸福感。这种感觉很新奇，是我在以往的品茶经历中从未有过的体验。

我陷入了沉思，思考着这份幸福感的来源。也许是那位姑娘一丝不苟、平心静气的泡茶仪式，她专注而细致的动作透露出对茶的尊重与热爱，让这杯茶变得如此纯净甘甜；也许是这款茶在沉寂了 20 年后，终于遇到了有缘人，愿意让自己的光芒在滚烫的沸水中化作顺滑而醇厚的佳酿。这束"饮光"进入每个有缘人的体内，滋润其五脏六腑，也滋润其精气神。

在与茶艺师的交流中，我得知同一款茶被不同的人在不同的季节和不同的时刻，泡出来，茶汤风味各有不同，甚至有着云泥之别。这让我更加惊叹于茶的奇妙与多变。

这让我想起了一个故事：有一位行政文员，在日常的工作中总是得不到领导的赏识，因此心生去意，决定提出离职。然而，就在她准备离开之际，有一位客户来访，领导便让她负责泡茶。文员心想，既然这是她在公司里最后一次泡茶了，那她一定要做到最好。于是，她静下心来，全神贯注地泡茶，仔细地操作泡茶的每一个步骤，不放过任何一个细节。

没想到，领导和客户品尝后，都赞不绝口，给予了高度的评价。那一刻，她恍然大悟，终于意识到：无论做什么事情，关键在于我们的态度和用心程度。只有当我们全心全意地投入，认真对待每一件事，才能焕发出不同寻常的光彩。

▎诉说生命故事的沉香普洱

第二款茶，是 1996 年的沉香普洱。前两泡茶汤并未能充分展现出这款普洱的真正魅力，口感上略显单薄，仿佛只是前奏，尚未触及核心。直到第三泡，我才真正感受到这款茶的美好，那是一种迅速涌现的回甘带来的幸福感。茶汤中的甘甜充满了整个口腔，层次感丰富，令人陶醉。

它散发着木质的香气，又带着一丝烟火的味道，仿佛将我带入一个明媚的春日之下。在那里，我伴着微风，感受着雨露的清新，滋润着心田。也许，这是茶叶在成长过程中，众多的微量元素综合在一起的体现。

坐在我身旁的是蓓蓓的好友，他曾在知名的普华永道会计师事务所工作。品茶的间隙，他分享了一个有趣的观点：品茶的过程与品鉴葡萄酒其实有着异曲同工之妙，都需要我们细心品味，方能领略其中的韵味与深度。这让我更加珍惜眼前的这一杯茶，也对接下来的品茶之旅充满了期待。

我赞同他的观点。茶和葡萄酒在许多方面都有着惊人的相似性，从原料的成长过程、成长环境、土壤条件，到采摘的时机、加工工艺，再到成品的存储方式，每一个环节都深刻地影响着它们的风味。无论是茶还是葡萄酒，都承载着自然的馈赠与时间的沉淀，每一个环节都蕴含着对品质的追求和对风味的雕琢。

葡萄酒的历史悠长，无论是希腊的葡萄酒还是格鲁吉亚的葡萄酒，都是历史的记录者和创造者。而茶，作为中国文化的重要组成部分，承载着中国的历史和韵味。中国，作为茶的故乡，不仅是世界茶文化的发源地，更是茶文化的中心。在中国五千年的发展史中，不仅有浪漫高雅的"琴棋书画"，也有贴近人间烟火气的"诗酒花茶香"。

饮酒作诗，品茶赏花。无论是动还是静，全凭心境。动静相宜，乃是人生的真谛。

柔中带刚的勐海生普

品完第二款茶之后，换了一位茶艺师，她看起来敦实而充满活力，性格开朗。

在泡茶之前，她热情地向我们进行了自我介绍，分享了她对运动的热爱。她说："少年时代曾是灌篮高手，而现在依然喜欢跑步和骑行等运动。"她的热情迅速融入了我们这个运动好友群，大家都对她产生了亲切感。

接着，她开始泡茶。这也是一款有着 26 年历史的普洱茶，但与前一款不同。它产于云南勐海，是一款生普。在我看来，熟普像一位历经人生沧桑的中年人，深沉而醇厚；而生普则更像一位充满活力、朝气蓬勃的青年人，清新而强劲。也许正是因为这个原因，茶楼才安排不同的茶艺师泡不同的茶——前一位气质温婉的姑娘更适合冲泡熟普，而眼前这位活泼健谈的姑娘则更适合冲泡生普。

　　果然，这位姑娘泡出来的茶汤口感浓郁而强劲，柔中带刚。初闻之下，茶香中带有清新的青樟气息，逐渐转变为甜美的果蜜香。而松脂的香气则如同一条主线，始终贯穿在整个品饮过程中，令人陶醉。

　　当茶汤缓缓流入喉咙时，它带来了一种柔和而甘醇的口感，随之而来的苦涩和酸感以其强劲的穿透力和渗透性，迅速从味蕾扩散至全身。有的人感受到茶汤下行至胃里，带来一种温暖而畅快淋漓的感觉；有的人则感受到茶汤上行到头部，带来一种微醺的酒醉感。这种独特的品茶体验让大家都陶醉其中，流连忘返。

▍我的觉察和思考

　　小小的茶杯中，蕴含着不同的人生阅历。无论是苦涩还是甘甜，都是生命不可或缺的一部分，都值得我们去珍惜和感激。

　　茶道不仅仅是一场味觉的盛宴，更是一种生活哲学的体现。有人品茶，只是品其味道；有人品茶，却能在其中品味人生百态；而有人品茶，最终仍回归于茶的本真。每一次品茶，都是对生命深度的一次探索，对生活细节的一次品味。在这个过程中，我们学会了静心，学会了感悟，更学会了珍惜。

　　每一杯茶都有它独特的故事，每一个品茶的瞬间都是独一无二的，无法复制。茶，让我们在平凡的日子里找到了不平凡的意义，让我们在喧嚣的世界中找到了内心的平和，在简单的生活中发现了智慧的火花。如此，我们便能在人生的每一个角落，留下属于自己的茶香，让这份独特的韵味伴随着我们的成长与回忆。

小指南

向内生长是一个持续的过程，我们需要不断努力和坚持，这也是实现自我提升和超越的关键。这里，我提供一些方法：

1. **走出舒适区，勇于尝试新事物**：打破自我设定的限制，勇敢地尝试那些以前没做过、自己不太擅长或者会感到害怕的事情。坚持下来，就会发现自己的能力和潜力都超出了想象。

2. **交一群正能量的朋友**：和一群积极向上、互相支持的朋友在一起，他们会在你遇到困难时给予鼓励和支持，也会在你迷茫时提供建议和指导。

3. **保持好奇心**：保持好奇心，并在实践中不断成长；遇到失败时，能够从中吸取教训，不断进步，并且坚信未来会更好。

4. **自我觉察，活在当下**：学会放下过去的负面情绪和经历，专注于当下的所思所想所做，才能呈现未来的完美结果。

5. **自我接纳与和解**：学会接受自己的不完美和犯错的可能性，减少自我苛责；同时，倾听内心的声音，允许自己真实地表达情绪，不压抑或忽视它们。

6. **自我反思与冥想**：定期进行自我反思，理解内心的需求和渴望；学会独处，享受宁静与平和的时光，从而更好地洞察生活。

第6章

绽放女性领导的光芒
如紫色般具有高维和觉醒力

紫色，一种神秘而高贵的色彩，象征着高维与觉醒的非凡力量。

高维的思维为女性领导者赋予了广阔的视野与深邃的洞察力。她们不再受限于眼前的表象，而是以全局的视角审视问题，预见未来的趋势与挑战，从而做出更加明智的决策，引领团队稳健前行，朝着正确的方向迈进。

觉醒力则让女性领导者对自我和周围环境保持着敏锐的感知。她们挣脱传统观念的束缚，勇敢地展现自己的才华与魅力。她们深知自己的价值，不断突破自我，追求卓越，以实际行动诠释着觉醒的力量。

紫色的力量，是温柔而坚定的。它为社会的发展注入了新的活力与动力，让世界见证了女性领导者绽放的无限光芒。

01 活出自己，活出美好

中欧国际工商学院提倡"融世界之博大，合本土之精深"，因此，女性校友们创立了"女性领导力联盟"，又名"合花会"。

"合花"之名，既寓意着这些女性校友来自中欧，也形象地描绘了她们如花般美好的汇聚，是无数个"好"的集合，象征着我们要"活出自己，活出美好"。这里的"好"，既指向内心的至真至善，也体现为外在的幸福美满。这群商界女性，构成了一个缤纷多彩的世界，是众多有趣灵魂在人间的美好邂逅。

"合花会"的英文名字为"SHEO"，分别代表社会责任（social responsibility）、欢乐（happiness）、优雅（elegance）和开放（openness）。其宗旨在于传播爱与美，使命则是唤醒生命，促进身心成长，成为女性校友成长的温馨港湾。

合花力量

女子是多面的，犹如一道绚烂的光谱，蕴含了赤、橙、黄、绿、蓝、靛、紫七种色彩。她们拥有红色般的自信和蓬勃的生命力，橙色般的丰富情绪和无限创造力，黄色般的勇敢精神和坚定行动力，绿色般的大爱无疆和深刻理解力，蓝色般的卓越沟通和流畅表达力，靛蓝色般的深邃智慧和敏锐洞察力以及紫色般的灵性觉醒和高尚觉悟力。

合花会的这群精英女性，她们事业有成，眼界开阔，智勇双全；她们懂得点燃自己，照亮内在的美丽、智慧、丰盛和富足；她们乐于照亮他人，汇聚更多的正能量；她们逐光前行，向光而生，与光同行，展现出独特的魅力和风采。

女人如水，因此女性能量也如水一般，流动不息、承载万物、孕育生命、包容一切。这是纯粹的生命能量，是生命的本源所在。合花会不仅是职场女性的能量场，更是深度滋养自己，也深度滋养他人的地方。我们坚信"相信的力量"，也相信"自然成长"的力量，共同追求更高的境界和更美好的未来。

合花会举办的旗袍秀

2022 年 11 月 27 日，在第七届"她领袖"年度会议上，我有幸被评选为年度优秀创业女性。此次会议的主题为"她就是力量"，我对此深感共鸣。

女性，天生拥有爱心和责任感，如同春天的和风细雨，温柔而细腻；拥有夏天般的热情，如火一般迸发出无尽的活力；秋天，展现出成熟大气的收藏力，内敛而深沉；冬天，则如同冰天雪地中的坚韧松柏，拥有着惊人的忍耐力。

在家庭中，作为女儿，她们是可爱乖巧的；作为妻子，她们柔情似水，给予家人无尽的温暖；作为母亲，她们则变得无所不能，为子女撑起一片天。而在职场中，作为女性员工，她们勤劳踏实，默默付出；作为女性高管，她们则展现出睿智与坚忍并存的一面。

一路走来，她们不断学习、不断平衡、不断承受、不断成长、不断成熟。

她们用自己的行动诠释着"她就是力量"的真谛，成为这个时代耀眼的风景线。

合花书香

读书，是通往无尽世界的门户，是穿越时空的光芒。自2023年春天起，合花会正式启动了"合花书香"读书活动。每个周日的晚上，我们都会在线上共同开启一段集体头脑碰撞的美好时光。我们之间的约定，是保持精神内守，而非为了响应外界而内耗自己。

我们所阅读的书籍，大多聚焦于身心的平衡、人生的认知以及生命的价值和意义等主题。我们分享着彼此对这个世界的独特理解，共同感受着超越空间的人性真善美，同时探索着对生命的深刻认识。

通过集体读书，我们不仅能够更好地认识自己，还能赋能彼此。这不仅是一条遇见更好自己的道路，更是一条最快、最好地找到自己的途径。此外，读书还能开启我们内心的旅程，让我们能够穿越到任何的时空和岁月，在内心深处绽放出自信和智慧之花。

在《悉达多》中，我们寻找自己的影子；从《完美的爱，不完美的关系》中，我们看见真实的自己；《早起的奇迹》则激励我们去改变自己；《心：稻盛和夫的一生嘱托》让我们学会倾听内心的声音；《走在人生边上》助我们更深刻地理解自己；《改变的历程》则引领我们连接内在的自我；《精力管理》教会我们如何突破自我限制；《健康精神讲记》则让我们学会觉察自己的身心状态；《象与骑象人》则帮助我们更全面地认知自我。

知识可以分享，但智慧则需要亲身体验。在这样的体验中，我们彼此照见、滋养，在生命的深处建立起信赖与启发，从而更快地成长。

合花健康

步入中年,我们仿佛踏入了生命的秋天,无论是初秋还是深秋,都应当学会"秋收",而非如夏日般拼命外展。

此时,我们应让自己的能量更好地回归,学会向内审视,收回那望向外界的目光。正如大自然所展现的春生、夏长、秋收、冬藏之规律,我们也应学会做减法,拒绝为了面子而去做一些毫无意义之事,真正开始为自己而活。

大道归一,于是"合花健康"应运而生。它关乎身体的运动,关乎心理的疗愈,更关乎灵魂的觉醒。它追求的是一种平衡,让我们能够回归并维持在中正的状态。

但健康并不仅仅意味着不生病,而是运动、合理饮食、充足睡眠、情绪管理以及信念觉知的综合体现。

记得有一个周末,我们邀请了一位知名的心脑血管专家来进行线下分享。他告诫我们,运动不应依靠毅力,而应顺应内心的声音,让它成为一种习惯,自然而然地融入我们的生活。否则,对身体和心理的伤害将是巨大的。

我对此深表赞同。恰好在第二天,合花会的一位校友来到我的办公室,分享了她参加戈壁挑战赛的前后变化。她提到,赛前的训练极其艰苦,甚至让她觉得人生失去了意义和趣味。而在赛后很长一段时间里,她对跑步依然没有动力和兴趣。也许,不强迫自己,就是她学会了倾听身体的声音。

我们应该具备觉察力,观察自己的身体喜欢怎样的运动,偏爱何种食物,何时起居最为舒适以及用怎样的方式与人交流最为开心等。作为女性,我们扮演着不同的角色,会抽出时间陪伴家人,但同样重要的是,我们也要抽出时间来陪伴自己。实际上,陪伴自己才是人生中最重要的一课,学会安住在当下,甚至偶尔无所事事地去发呆。

还记得那个老和尚与小和尚的故事吗？老和尚曾对小和尚说："觉悟之前，我们上山、砍柴、挑水；觉悟之后，我们依然上山、砍柴、挑水。"小和尚困惑不解，觉得这似乎并无二致。但老和尚解释："区别在于，觉悟之后，上山便是纯粹的上山，心中不再牵挂砍柴；砍柴便是专注的砍柴，不再分心于挑水。"

活在当下，让自己的心灵保持空灵，不要让它承载过多的重负，为真实的自己留出一片舒适而合理的空间，维持内心的坚定与从容。我们的生命和肉体是有限的，但我们的精神和能量是无限的。因此，我们应该让自己的能量更好地回归内在，让自己的生命充满勃勃生机。这，便是最大的健康。

我的觉察和思考

杨绛先生曾言："人皆天生善恶并存，唯有历经锤炼，方能锻造出纯正品性，彰显其价值。"正如黄金需经千锤百炼始得纯金，我们的灵魂亦需历经人生的种种磨砺，方能展现其真正的光辉与价值。

感恩那些悄然流逝的岁月，它们让我们品尝了人生的各种滋味，无论是黑暗、孤独、迷茫，还是闪亮。然而，生活并未抛弃我们，在这磨炼的过程中，我们依然奋力向光而生。

我们要活成一道光，不仅为自己指引方向，也为他人照亮前行的道路。或许，我们因此能成就生命的辉煌；或许，真的有人能借助我们的光芒走出绝望和迷茫。这便是那柔软、绵长、温暖且充满喜悦的"爱的力量"。我们愿意全心全意、满怀欢喜地奔向这份爱。

如此，真好。

02 上善若水的秀娟教授

遇见秀娟教授，是在中欧国际工商学院"组织行为学"的课程上。那一次，我的座位被分配在了第一排。其实，我不是很想坐在第一排。

中欧国际工商学院的要求非常严格，不能迟到，不能开小差，更不准旷课，当然也不允许随意选座位。一旦课程开始，就是接连不断的讨论和上台分享。

▌走进我生命中的教授

伴随着上课铃声的响起，一位小巧而充满魅力的女教授进入教室。说她可爱，其实更准确的是她身上散发出的那种成熟中蕴含的青春活力。尽管已年过四十，但她的面容焕发着光彩，洋溢着亲切温暖的笑容。她身穿一件波希米亚风格的连衣裙，佩戴着大大的耳环，高高挽起的头发前戴着一副眼镜，脚上穿着一双透风的凉鞋，显得既时尚又随性。

我还没来得及完全回过神来，就听到她缓缓开口讲话。出乎意料的是，教授突然拿出一张百元大钞，说要和我们做个游戏。看着好几位同学积极地跑上讲台，我这个一向自诩为"学霸"的人自然也不能落后，于是也奋勇争先地参与进来。

教授说："谁能说出一个能打动我的理由，我就把手里的百元钞票给谁。"大家纷纷开始七嘴八舌地说出自己的理由。有人巧舌如簧，有人装可怜，甚至有人简单粗暴地直接抱住教授。然而，教授总是摇头，不为所动。

我也绞尽脑汁想了许多理由，却就是打动不了这位小巧可爱的女教授。几轮下来，大家都站在讲台上，不知所措。这时，教授露出一丝胜利的微笑，让我们回到座位上老实坐好。

我们不服气，非得让教授给个明确的说法。教授轻启朱唇，说道："21次。只要重复21次最初的理由，我就一定会把钞票给他。"听到这里，我们所有人都不得不服气。

后来我才得知，这位女教授是李秀娟教授。她毕业于美国麻省大学，获得了博士学位，是中欧国际工商学院的管理学教授，担任中欧领导行为实验室研究主任的职务。同时，她还是米其林领导力和人力资源管理教席教授以及副教务长，有众多令人瞩目的学术头衔。

她曾形容自己是一片飘在天边的云，这让我感觉她是个热爱自由、无拘无束的人。她还说，人生在世，前半生我们手心向上，不断索取；而后半生，则应该手心向下，学会奉献。这句话深深地触动了我，让我对人生有了更深刻的思考。就这样，李秀娟教授悄然走进了我的生命，成为我难以忘怀的存在。

▍真正的女人之美

真正与教授建立起深厚的情谊，是在"九久班"欧洲游学归来的一次聚会上。"九久班"这个名字，源自2009年一个特别的事件——北京、上海、深圳三地的三十多位校友共同踏上了欧洲的游学之旅。在9月9日上午9点，当我们在德国旅行社的大巴车上时，大家一致决定采用"九久班"作为我们的班级名称，寓意着我们的友谊将天长地久。

那次海外游学，无疑是中欧国际工商学院历史上一个前所未有的开端，而由此诞生的"九久班"更是展现出了前所未有的凝聚力。当我们筹备首次游学后的聚会时，诚挚地邀请了教授参加。作为组织行为学的研究者，秀娟教授在参与第五届戈壁商学院的比赛后，从他人的口中对我们这个组织有了初步的了解。因此，她接受了我们的邀请。

聚会的地点选在了青海湖边。在那片一望无际的大草原上，我们尽情地奔跑、歌唱、拍照，欣赏夕阳西下的美景，观看绚烂的礼花，戴上纯洁的哈达，品尝西北的烈酒，载歌载舞，场面热闹非凡。就这样，秀娟教授成了我们亲密无间的朋友。特别是我们家在上海的几位女同学，因为与教授互动频繁，所以交流更加深入。

教授性格开朗，但她并不是很喜欢热闹。平日里的聚会，她大多只与"九久班"的同学们一起。有时候，连续讲授四天课程后，她已经疲惫得不想说话，但这并不影响她参加我们的女性聚会，前提是"只看不说话"。我们心疼她，但只要她在，我们就感到无比开心。

偶尔，她精力充沛时，会变得异常开心和激动。比如之前提到的在独库公路的旅行中，她拉着我一起跳舞，一支接一支，快乐得就像一个孩子。当时，她还对我说了一段让我深受启发、醍醐灌顶的话语："女人，应该拥有18岁的心态，28岁的装扮，38岁的女人味，48岁的智慧以及58岁的财富。"这才是真正诠释了女人之美！而秀娟教授本人，就是一个活得非常通透、既优雅又可爱的女人。我最为佩服的，就是她能够随时转换角色，轻松调节自己的心情。

身体力行传授柔性领导力

作为女性领导力的深度研究者，她时常发表富有洞察力的金句，让我们备感惊喜。她说："在人生的不同阶段，女性需要不同的'助燃剂'来绽放光彩，不负韶华。"

对于 24~35 岁的女性而言，更需要的是自信，要敢于树立具有挑战性的目标，拥有"我命由我不由天"的豪迈气概；36~45 岁的女性，则需要更多的勇气，在家庭和事业之间找到平衡点，同时勇于突破自我限制，勇敢地"向前一步"，坐到前排去；而对于 45 岁以上的女性来说，提升格局变得尤为重要，要站得更高、看得更远，认识到愿景规划的重要性，并积极寻找机会向外表达和展示自己的愿景规划。

如果要用一个词语来概括女性领导力，她认为"上善若水"最为贴切。她更倾向于使用"柔性领导力"而非"女性领导力"这一表述。她所理解的柔性领导力，正如老子在《道德经》中所描述的："上善若水。水善利万物而不争，处众人之所恶，故几于道。居善地，心善渊，与善仁，言善信，正善治，事善能，动善时。夫唯不争，故无尤。"

在新书《柔韧领导：数智时代的六大领导力原则》中，她提出的六大原则分别是：海洋般的包容原则、河流般的协作原则、湖水般的共情原则、瀑布般的赋能原则、雨水般的利他原则和水滴般的坚韧原则。她坚信"上善若水"的柔韧领导力必将为人类带来福气和美好。这正是秀娟教授智慧的闪光之处。

秀娟教授有很多出彩的课程，其中非常值得一提的是，她发起了戈壁行为领导力的课程。

有一次，我带领管理层前往戈壁进行团建，历经三天。归来后，教授邀请我一同去喝咖啡，同时还有那次活动的组织方"毅行"的负责人，他也是我们的光学校友。那时，教授已经启动了"戈壁行为领导力"的课程，因此她特地来进行实地调研，以了解企业的真实反馈。她非常详细地询问了企业家带领高管走戈壁的流程、细节、感受以及意义等，随后阐述了自己启动这门课程的真正价值和意义，这让我印象深刻，大为感动。

我望着这位身材娇小的教授,心中有些难以置信。从小在新加坡被呵护长大的女士,真的能在茫茫戈壁的天地之间行走四天并授课四天吗?

我曾两次前往戈壁,深知丹霞地貌、沙漠、盐碱地和戈壁滩组合起来的行程是多么艰苦。我也清楚,每天晚上睡在十多人的大帐篷中,闻着汗臭味和脚臭味难以入睡的心情。我更明白,夜晚寒冷、中午酷热、双脚燎泡、满嘴裂泡的痛苦。除了身体上的挑战,还有教学中的思考、讲解、教练、复盘等任务,这需要多大的心力和精力来应对啊!

然而,事实证明,我的担心是多余的。教授就是教授,她的娇小身体里蕴含着巨大的能量。那次谈话结束后的八年间,教授在戈壁上举办了多场领导力课程,甚至还培养了一些中欧国际工商学院的校友成为戈壁领导力课程的助教。而我,也深受教授的感染和影响,于2024年主动申请加入,成为秀娟教授这个课程的教练。感恩秀娟教授给我带来的这些人生启迪和美好经历。在人海中遇见你,就是我最大的奇迹。

▌我的觉察和思考

对于我来说,教授不仅是一位导师,更是一位人生宝藏般的闺蜜。我不清楚自己是否曾经惊艳过她,但她确实惊艳了我的人生。世上最美好的遇见,莫过于我恰好路过,而你恰好在。

03 悄然出现在生命中的 Dana

Dana 是我亦师亦友的朋友。虽然我们 2023 年才刚刚认识，但是，感觉已经惺惺相惜多年。

▎改变的历程

那是 2023 年 6 月，111 群里组织了一次莫干山徒步活动。夏日的莫干山，山谷间弥漫着清新的空气，清澈的山泉在脚下潺潺流淌，令人心旷神怡，暂时忘却了繁忙的工作和喧嚣的城市。然而，到了中午时分，气温已逼近 40 度，我有些中暑的迹象，感到头昏脑涨，渐渐地落在了队伍的后头。

与我并肩前行的，还有初次相识的 Dana。我们在悠闲地行走中随意闲聊，并没有过多深入的交流。当时，我只知道她是美国哈里逊测评的中国代理，同时也是中欧商学院 EMBA 项目的领导力反馈高管教练。

因为这个机缘，我随后做了哈里逊测评，并坚持让她帮我解读报告。让我非常惊讶的是，她竟然一口答应，还邀请我去她家里吃饭，毕竟我们仅一面之交。那天晚上，在 Dana 家里，我不仅品尝到了美味的饭菜，还与她促膝长谈了很久，有一种相见恨晚的感觉。

晚饭后，我们坐在饭桌前开始聊起我的过往。我想这是她在给我解读测评报告前的准备工作，所以就老老实实地介绍了自己的创业经历，特别强调了从 2020 年开始所经历的变故，包括自己的病痛、父亲的离世、弟弟遭遇的重大事故以及自己与合伙人分家所带来的心理伤害等。

她听完我的叙述后，认真地说："我要送你一本书，我相信你一定能够深刻理解其中的内容。"说完，她便上楼把书取了下来。这本书的名字是《改变的历程》，作者是美国的乔·迪斯派尼兹博士，我个人更偏爱英文版的书名：Breaking The Habit of Being Yourself。

回家后，我迫不及待地沉浸在这本书中，不仅认真阅读，还做了详细的笔记。这本书深刻地阐述了"境由心生"的理念，而非"心随境转"。读完之后，我如获至宝，受益匪浅，并迫不及待地与 Dana 分享了我的感受。她回应道："我之所以给你这本书，是因为我觉得你是能读懂它的人。这本书有一定的深度，其他人可能未必能理解。"

在 Dana 的激励下，我告诉她，我打算践行书中的 28 天冥想训练，让她在一个月后见证一个全新的我——一个"内在自我"与"外在自我"完全契合，没有任何鸿沟的自己。"只有强者才有这样的决心去践行和改变。你的故事真的很感人，我和 David 都说你是一个不可思议的人。"Dana 用她特有的激励法鼓励我。

爱因斯坦曾说：在某一个意识层面产生的问题，不可能在同一个意识层面得到解决。因此，每个人的局限都源于自己有限的意识状态。我们能向内探索多深，就能向外走多远。我决定彻底告别过去，迈向新的征程。事实上，我已经在行动了，只是遇见 Dana 让我加快了前进的步伐。

这本书对我启发和帮助很大。2024 年初，我连续五个周日的晚上，为"合花会"的姐妹们做了五次线上分享。每次分享前，我都会做好充分的准备，包括制作 PPT、准备视频、挑选故事以及设计冥想引导等。很多姐妹都表示收获颇丰，而我也在这个过程中进一步完善了自己的内在。

赠人玫瑰，手留余香。我感激这样美好的良性循环。

人生就是一场突如其来的考试

人的一生中，会经历无数次考试，有时甚至会遇到突如其来的"裸考"。然而，好学生从不畏惧挑战，正如我面对 Dana 主考的哈里逊测评认证考试时所展现的那样。这场意外的考试，为我带来了意想不到的收获。

作为中欧国际工商学院的领导力反馈高管教练，Dana 每年为超过 50 位企业高管提供指导，并为约 300 位 EMBA 学员提供领导力反馈。而哈里逊测评报告，正是她手中的一个重要工具。因此，在参加了她的培训课程后，我迎来了这场认证考试。

原本，我以为只需要以第三方的角度解读随机抽取的报告，但出乎意料的是，在我花费了五分钟解读报告后，Dana 考官竟然让我直接为她所扮演的一位名叫 QQ 的创业者解读报告。

毫无心理准备的我被迫立刻进入角色。幸运的是，在紧急关头，我回想起需要询问的关键信息，包括 QQ 所在行业、创业时间、行业经验和目前业绩等。QQ 说出了她的挑战和困惑：虽然创业已有三年，但她却不知如何与合作伙伴达成共识。

在一开始看到这个案例时，我觉得它似乎最缺乏故事性，没想到如今却成了如此棘手的难题。后来回想，这也许是 Dana 了解到我在工作中也遇到了类似的难题，因此特别为我量身定做的安排。这种别样的用心良苦，让我深感温暖和感激。

看着哈里逊测评报告中"和谐矛盾解析图"里接近完美的 QQ 女士的测评结果，我决定从唯一的"PD 项"入手，逐渐深入探讨其他的矛盾关系图。突然，我注意到她的权威性得分较低，这与她"肯定自我观点"的得分低有密切关系，也可能是她难以与投资者达成共识的一个重要原因。于是，我建议她结合自己 20 多年的行业经验，发挥"坚持不懈"的优势，与合作伙伴进行多次沟通，直到说服他们为止。

Dana 考官对我的建议表示了肯定，并表示她也深受启发。她还赞扬我在角色扮演中切换自如，能够灵活运用理性和感性的交流方式。与其说是我通过了考试，不如说是 Dana 让我再次突破了自己。我意识到，如果每次遇到困难都选择逃避，就无法激发出更大的生命能量。

在过去的十几年里，她指导了来自亚洲、欧洲、北美、南美和非洲的 24 个不同国家的 3 000 多位高管，包括企业家、创业者和跨国企业职业经理人。许多人都因她的指导而受益，然而，她却谦虚地表示自己不敢以他们的教练自居。她认为，每个高管都教给了她许多人生智慧，并与她分享了许多从低谷走向巅峰的精彩人生片段。因此，她更愿意将自己定位为他们人生某个时刻的陪伴者。

确实，教练就是那个陪伴你攀登高峰的人。当你下定决心，做好准备，已经踏上征程时，你最需要的就是一位出色的教练，一位能帮助你站上人生高峰的陪伴者。

我想，Dana 就是这样一位富有魅力的教练级别的陪伴者。她阅历丰富，学识渊博；她既有高人指点，也有自我开悟。

从零岁开始重活一次

Dana 的三个孩子都在海外求学，先生也经常出差，平日里，常常只有她一个人住在上海那座宽敞的房子里。那次去她家时，我惊讶地发现竟然有两个保姆。她解释道："因为家里有三个孩子，所以需要两个阿姨来照顾。现在，孩子们都去海外求学了，可是阿姨们也老了，很难再找到好的工作。我于心不忍，就把她们都留在家里继续工作。"

我听后哑然失笑，像她这样的大忙人，经常需要到世界各地出差，这无疑是在给两位保姆提供养老的保障。这件事充分展现了 Dana 的善良和单纯。后来，随着我们交往的深入，我发现 Dana 的确是一位非常善良和单纯的女士。我之所以喜欢她，不仅因为她的善良和单纯，更多是因为她的智慧和通透。

什么是通透？通透是一种真正强大的状态。在这种状态中，人们能够超越当前的环境和过往的现实，实现个人的蜕变。他们可以从经验中汲取智慧，不会对自己或这个世界进行过多的评判。通透能带来真正的喜悦与平和，以及更多的能量和表达方式上的自由。

Dana 就是这样一个活得通透的人。她常说自己仿佛重生了，现在才十几岁。当我第一次听到"重生"这个话题时，内心确实有所触动，但也只是听听而已，并没有深入思考。直到参加了 Dana 两天的哈里逊测评课程后，她应我的请求，额外为我们开了一场小灶，专门分享了自己的成长心路。

她说，重生是她送给自己 50 岁的生日礼物。那一年，她去德国的正念中心参加了一次"拥抱内在小孩子"的课程，她告诉自己要把人生重新过一遍，从那时起，她也决定要正面地看待人生中的所有事物。我们每个人都可以选择从今天开始，决定自己未来的生活方式。如果我们曾经经历过创伤，那就从零岁开始，重新活一次，活出一个富有、自由而智慧的人生。

在 2005 年之前，Dana 在企业中曾三次主持企业并购整合工作，涉及中国多个地区的 9 000 多名员工。她拥有中国暨南大学计算机工程学士学位和美国南加州大学工商管理硕士学位，还曾连续两年被中国国家信息化测评中心（NiEC）评为 Top 50 优秀首席信息官。此外，她还在新加坡和印尼担任了八年的总部 IT 和 HR 高级副总裁，在美国担任了四年的业务流程重组咨询顾问。

作为全球人才发展中心的创始人，自 2005 年公司创立以来，她一直担任董事总经理。在她的职业生涯中，她先后在中国香港、美国的康涅狄格州、印尼的雅加达、新加坡、中国上海等国家和地区担任工程师、咨询顾问、企业经理人、商学院客座教授、培训师和高管教练等。

从 2008 年至今，Dana 持续不断地学习，参加课程的时间累计超过了 350 天。自 2011 年起，她与不同企业合作，共同创建了定制化的全球领导力发展及高管团队建设项目，并在中国、新加坡、瑞典、意大利、芬兰、荷兰、美国、德国、印度等多个国家建立领导力工作坊，进行一对一的高管教练服务。

我感慨万分，她读过如此多的书，上过如此多的课，做过如此多的事，这些都给我带来了极大的触动和启发。我喜欢她重生后那双充满光芒的眼睛，也喜欢她永远绽放笑容的脸庞。

第二天早上，当我醒来的时候，我决定向她学习，为自己重生一次。我的前半生，只是活出了生命的宽度和一定的高度；而我的后半生，我希望能够活出生命的深度，从而达到此生最高的高度。

转身，就意味着重生，就意味着和过去彻底告别。我要勇敢地转身，让我的生命再来一次，让我对这个世界再爱一次，借此体验完整而圆融的生命。所以，我告诉自己："我是一个小小的婴儿，我才三岁，我对这个世界充满好奇，我要体验这个世界的美好，我要活出最好的自我。"

这是一个人对生命无限可能的渴望和追求。

我的觉察和思考

有一天，我读到了这样一段话："你需要极大的福报，才能遇到那个将你唤醒的人。这个人或许并不引人注目，也未必拥有超凡的能力。尽管他已经经历了蜕变和重生，但他依然与尘世同在，会在你生命中的某个时刻悄然出现。他身上自有一股独特的磁场，无形中不断散发出智慧与能量，引领你向上、向内、向着光明与喜悦的方向前进，直到你也完全觉醒。"

我想，Dana 就是悄然出现在我生命中的那个人。

04 一路向前的非洲杰出女性

在广袤的非洲大陆上,有一群杰出的女性,她们凭借着坚定的信念、卓越的智慧和无畏的勇气,在舞台上绽放异彩,为国家的发展贡献着自己的力量。

▎Mary 女士

首批非洲牛油果国内接收仪式于 2022 年 8 月 22 日在北京举行。此次活动受到了中国外交部和商务部的高度重视。多位重要嘉宾亲临现场来共同见证这一重要时刻,其中包括 Mary 女士。她穿着一身大红色长裙登台致辞,靓丽而开朗。

那时她刚刚来中国工作,对中国的工作环境与文化尚在适应阶段,但是她对于推动肯尼亚牛油果进入中国市场充满热情。几个月后,她还专程飞往上海来参加果锐科技和茉酸奶的战略合作仪式。随后,我也专程从上海前往北京与她交流了两次。即便日程再繁忙,她都会腾出宝贵的时间来与我见面。对于自己不甚了解的领域,她总是以极大的热情与好奇心向我询问。

2023 年,她返回肯尼亚工作。同年 3 月,她从朋友圈看到我在内罗毕,主动联系我,热情邀请我共进午餐。其间,她表达了希望能与我们合作,把更多的农产品出口到中国。看到她内心深处的使命感,我为之动容。

Mary 女士展现出来的才能和魅力,不仅推动中肯两国之间的友好交流与合作,而且也为加强两国在经济、文化和教育等方面的联系付出了不懈的努力;

她还以其敏锐的洞察力，为肯尼亚在国际舞台上赢得了更多的关注和支持。

Ashatu Kijiaji 女士

2023 年 6 月 29 日至 7 月 2 日，首届中非妇女论坛在湖南长沙举行，论坛主题为"凝聚中非女性力量 共促妇女全面发展"，30 多个国家和国际机构的代表、有关部门代表、各界妇女代表及外国留学生等中外嘉宾 200 多人参加了论坛，我作为杰出女企业家代表受邀出席了活动。

在论坛期间，各方嘉宾高度评价了中非之间的友谊，同时，以图文、视频、实物和多媒体互动等形式，多维立体地呈现了中非妇女在科创研究、医疗援助、经贸往来、携手减贫、文化交流和生活交融等方面的创新创业成果。

会议上，我与来自坦桑尼亚的 Ashatu Kijiaji 女士有了第一次的见面交流。她是一位经济学博士，博学多才且谦逊和蔼，让人在与她交流时感到如沐春风，舒适而愉悦。当我们并排在沙发上坐好后，她侧身转向我，微笑地耐心听我陈述我的诉求，然后微笑着提问自己有疑惑的地方，同时一边布置任务，让随行的几位工作人员马上去处理。

当听说我 9 月会再次前往坦桑尼亚时，她邀请我飞往首都多多马和她再次见面交流，我欣然答应了。后来，我抵达坦桑尼亚时，她提前安排工作人员到机场迎接我，还精心安排了午餐。

交流期间，Ashatu Kijiaji 女士对我说："中国的经济发展很快是因为中国人都在奔跑，而坦桑尼亚的人却在漫步。不过，我们现在也在努力改变，已经改为快速走路啦。"从她自嘲式的幽默中，我深切感受到了她希望快速发展国家经济的迫切心情。

交流结束后，我向 Ashatu Kijiaji 女士赠送了一份特别的礼物——一幅绣着可爱的小熊猫的苏州刺绣。她很欢喜地说："我们不仅有经贸往来，还有很好的文化往来。"

此次交流，不仅有助于加深彼此之间的相互了解和信任，推动双方在各个领域的合作不断深化，还通过分享经验、技术和资源，共同探索发展机遇，实现共同发展。

Ashatu Kijiaji 女士为了推动坦桑尼亚的工业和贸易发展，制定并实施一系列有利于国家经济增长的政策，促进本土企业的发展和壮大；同时，还积极改善营商环境，吸引国内外投资。在她的努力下，最近几年坦桑尼亚的工业和贸易领域取得了显著的成就，为国家的经济繁荣作出了重要贡献。

Edith Kutesa 女士

一个偶然的机会，我通过一位在乌干达工作的朋友结识了 Edith Kutesa 女士。她是一位当地非常优秀的女企业家。

见到 Edith 女士的第一眼，我就被她吸引了。她穿着时尚大方，佩戴着硕大的珍珠耳环和珍珠项链，标准的职场女强人的装扮，气场十分强大。交流中得知，她希望在非洲导入类似中国银联的支付卡业务，帮助那些从农村进入城市工作后的孩子每月便捷地给父母支付生活费。据她所说，她的公司已经在 50 多个城镇建立了网点。虽然我对这类业务太了解，但我还是从一个消费者的角度谈了自己的看法和感受。Edith 女士认真听了我的观点，并表示这些观点对她的帮助很大。

我们再次见面是第二年的 8 月，她得知我到乌干达出差，便来到我下榻的酒店与我共进早餐。一见面，她就兴奋地告诉我，在过去一年里，她的公司已经建立了 150 多个支付卡网点，并计划发展到 500 个。我看到了她眼中闪烁着自信光芒，感受到了她的坚定和决心。

在得知我们正在帮助肯尼亚的牛油果加工工厂办理进入中国的许可时，Edith 女士希望我们也能把乌干达的牛油果出口到中国。我告诉她，这件事情需要政府部门之间的谈判和协商。她详细了解相关信息后热烈地看着我说："我会大力建议政府推进这件事情。虽然我不是政府部门的官员，但是我愿意为此而努力，因为我真心希望乌干达的农民可以获得更好的经济发展机会。这是一件无比有意义的事情，他们太需要这样能够出口创汇和给农产品增值的业务了。"

一个多月后，已经回到上海的我突然接到 Edith 女士的电话。她大声告诉我，她和她的丈夫正在湖南长沙参加中非经贸论坛，她希望我可以与她的丈夫电话交流一下对于乌干达牛油果出口的建议。她的丈夫非常礼貌地向我咨询了农产品在中国的市场份额以及我对乌干达的农产品生意的看法。那一刻，我被 Edith 女士不屈不挠达成结果的精神所打动，也被她深厚的家国情怀所感动。

迪娅·阿苏芒女士

2023 年 9 月，我受邀参加贝宁使团在钓鱼台国宾馆举办的中非发展基金和贝宁财政部的签约仪式暨企业家见面交流会。

在论坛的自由交流环节，我注意到一位身材高挑、气质优雅的非洲女士在一位中方官员的陪同下向我走来。经过介绍，得知她是贝宁的迪娅·阿苏芒女士。她真诚而恳切地希望我们能把肯尼亚牛油果的经验应用到贝宁，帮助贝宁把菠萝出口到中国，并在本年度的进口博览会上帮助他们推广贝宁的菠萝。

我感到有些为难，因为贝宁与中国之间距离遥远，菠萝的保鲜是最大的难题。目前的保鲜技术仅仅能维持 30 天，然而从贝宁的科托努到中国主要港口的海上航行就需要 50 天甚至更长的时间，这还不包括从贝宁工厂到港口的内陆运输时间。

我向迪娅·阿苏芒女士说明了这一难题,迪娅·阿苏芒女士却表现出了坚定的信心和乐观的态度。她认为,问题总有解决的办法,她可以协助工厂对接技术公司,并希望我们也帮她一起寻找解决方案。我被她坚毅的眼神和坚定的语言所感动,内心对她表达了深深的敬意。

迪娅·阿苏芒女士以其坚定的决心和务实的工作作风,为贝宁的贸易和工业发展开辟了新的道路。她积极推动着贸易自由化和区域经济合作,努力提升贝宁在国际贸易中的地位;通过加强与其他国家的贸易往来,为贝宁的企业创造了更多的商机,促进了就业和经济增长,也正在努力开拓中非之间更多的经贸往来。

我的觉察和思考

在非洲大陆,这些杰出的女性领导们凭借非凡的毅力和智慧,在重重挑战和困难面前,展现出了不屈不挠的精神,始终坚定地向前迈进。她们以实际行动诠释了女性在各领域中的重要作用和无限潜能,为非洲的发展注入了新的活力和希望。

她们的故事和成就,激励着更多的非洲女性勇敢地追求自己的梦想,为非洲未来的发展贡献自己的力量,书写更加辉煌的篇章。她们的勇气、智慧和影响力将成为非洲不断前进的强大动力,引领着非洲走向更加美好的明天。

小指南

要想成为一位绽放光芒的女性领导者,并非一蹴而就,需要从多个方面持续努力和提升。以下是一些关键要素:

1. **持续学习与自我提升**:通过阅读、参加培训、交流研讨等方式,不断拓宽自己的视野,提升专业素养和领导能力。同时,也要注重自我反思和总结,不断发现和弥补自身的不足,实现自我超越。

2. **塑造积极的心态**:学会以乐观、向上的态度面对挑战和困难,将压力转化为动力。坚信自己的能力和价值,勇于追求梦想和目标。同时,也要学会调节情绪,保持内心的平和与宁静,以更加饱满的热情投入到工作中去。

3. **勇于创新与变革**:勇于打破常规思维,敢于尝试新的方法和思路;关注行业动态和市场需求的变化,及时调整战略和策略,以适应外部环境的变化。另外,带领团队成员积极参与创新活动,通过头脑风暴和聘用外脑,共同推动企业变革和组织的创新发展。

4. **展现独特的领导风格**:发挥自己的优势,展现出与众不同的领导特质。通过展现独特的领导风格,赢得团队成员的尊重和信任,进而激发团队的凝聚力和战斗力。

5. **关注社会与公益**:通过参与公益活动、捐赠物资或资金等方式,为社会作出贡献;同时,树立更加积极向上的企业形象,提升社会影响力。

第7章

感受滋养生命的幸福
如橙色般具有幸福和情绪力

橙色，一种欢快而温暖的色彩，象征着幸福与情绪的力量，引领我们去体验并滋养生命中的幸福感。

幸福，实际上是在这丰富多彩的情绪世界中寻找平衡与满足的能力。它教会我们在平凡的日子里发现美好，在遭遇挫折时看到成长的契机。幸福力并非源于物质的积累，而是源自内心的充盈与满足。

情绪力，可以视为内心世界的晴雨表，它如同温暖的阳光，鼓励我们勇敢地面对并接纳自己的各种情绪，既不压抑也不逃避。因为每一种情绪都是我们生命体验中不可或缺的一部分。

橙色的力量，使我们能从清晨的第一缕阳光中汲取到希望，感受到那股滋养我们生命的强大力量。它促使我们以积极乐观的态度去面对世间的种种形态与挑战。

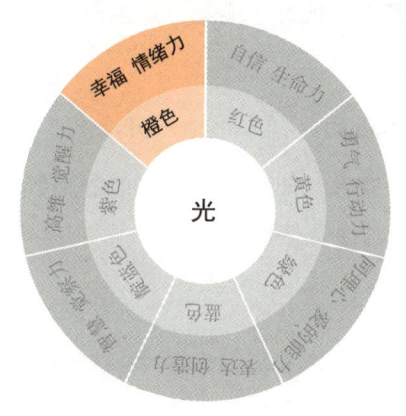

01 沉淀在岁月中坚实而温暖的父爱

2020年7月16日，是一个我永远无法忘怀的日子。

那天，我接到家中的电话，心急如焚地从上海飞回青岛。一到家，就看到父亲静静地坐在床上，一动不动。弟弟和妹妹告诉我，父亲从前一天晚上十点开始就一直这样坐着，等着我回来。每隔一小时，他就会望向墙上的挂钟，嘀咕着："你姐姐怎么还没有回来？"

我轻轻地呼唤了一声"爸爸"，眼泪瞬间涌了出来，心中充满了疼痛和内疚。父亲微微点了点头，却已经没有力气说话了。我知道，他在用最后的力气坚持着，只为了能与我见上最后一面。

我靠着父亲坐下来，感受着他艰难的喘息。一个月左右未见，他已经变得瘦骨嶙峋，皮包骨头。我抚摸着他的后背，能清晰地感觉到他整个脊柱的轮廓。肺部的肿块已经转移，胸部凸起如拳头大小，头顶也有一个鸡蛋大小的凸起。

我喂父亲吃饭，他非常配合，尽管吃力，但还是努力地张嘴、咽下去。弟弟妹妹在一旁惊讶地说："是因为看到大女儿回家了，他终于能吃下点东西了。"事后我才明白，那是他积蓄了最后的能量。

饭后，父亲一句话也没说，静静地躺下，然后就这样永远地离开了我们。那个给了我生命、支持我成长、一直以我为傲的男人，如一叶扁舟，静静地驶离了我们共同的港湾。

优秀的军人

父亲出生在农村家庭，排行老三。十八岁那年，他毅然参军，成为一名铁道兵。军旅生涯中，他历经艰辛，铸就了坚毅勇敢的性格，最终成长为军队中杰出的领导者。自我记事起，就注意到父亲装着一副满口假牙，那是他年轻时因行军匆忙，常吃热饭不慎烫掉的。

由于父亲的工作性质，我自小便随他辗转于各地的军营。我的童年，几乎都是在军队家属大院中度过的。妹妹的名字"建平"，就是父亲在辽宁省建平县带兵时特意取的。家中有一把竹子制成的小椅子，那是父亲在宁波带兵时购置的。这把椅子不仅陪伴了我的童年，也见证了我儿子的成长岁月，其结实耐用程度，恰如父亲那坚忍不拔的性格。

全家福，二排中间是父亲

在军队家属大院的日子总是充满欢乐。我常带着弟弟妹妹在驻地周边探险。偶尔闯祸，回家难免遭受妈妈的责罚，或是罚站、不许吃饭，因为我是家中的老大。这时，父亲总会适时出现，为我解围打圆场。

记得有一次，我带着弟弟妹妹去偷军队大院菜地的西瓜，结果却错抱了几个冬瓜回来。妈妈非常生气，认为我没能带好弟弟妹妹，便罚我站立反省。父亲只是轻轻责备了我几句，随后便让我坐下吃饭。而他自己，则悄悄去部队向相关负责人致歉，并进行了赔偿。在他心中，女儿是需要细心呵护、茁壮成长的。尽管，这份深情他从未言明。

在我们还居住在老家的时候，每次父亲回家探亲，都会为我带来一份特别的礼物。记得刚上学的时候，我考取了全班第一名，父亲便赠予我一把独特的铅笔刀，它能变换图像——正面转是孙悟空，反面则是猪八戒。这个铅笔刀迅速成为全班争相观赏的新奇玩具，让我感到无比自豪。这份礼物无形中也成为我学习的动力，因此，我一直保持着名列前茅的成绩。

特别让我印象深刻的是，有一次，父亲在军队里为我扎小辫。那是他带兵归来时，为我买了一个漂亮的粉红色绸缎头绳。他先细心地为我洗了头，给我擦干，然后为我扎了一个美丽的蝴蝶结。那一天，我感到特别幸福，这份温暖陪伴了我整个少女时期。

同事眼中的"吕青天"

在我上小学二年级的时候，父亲结束了他的军旅生涯，转业至青岛工作。他先后在果品公司、食品公司以及五交化电器公司担任总经理，凭借出色的领导力和业务能力，赢得了广泛的认可。在我的记忆中，每年的春节，他几乎都坚守在单位值班。

到了我高中时期，父亲被调往青岛即墨的一个海边地区的供销社工作，为期三年。他凭借自己的努力和才能，在短时间内实现了扭亏为盈，给供销社带来了翻天覆地的变化。当地的职工亲切地称他为"吕青天"，这足以体现他的用心与付出。

父亲性格豪爽，乐于交友且乐于助人。每年过年或重大节日，那些曾经受过他帮助的人都会来家中看望他，即使在他退休多年以后，这种情况依然没有改变。

在父亲火化的那一天，有一位早年曾受过他帮助的朋友，一大早就前来与父亲做遗体告别。他整整一天都待在殡仪馆里，陪伴我们一起完成了整个告别仪式。我们被他的感恩之心所感动，也为父亲热心助人的品质感到自豪。

然而，让人痛心和遗憾的是，父亲的晚年却饱受疾病之苦。我猜想，这可能是因为他工作时过度操劳、频繁应酬、四处出差和熬夜，没有像今天的我们一样注重健康管理，也没有坚持进行规律的体育锻炼造成的。父亲在 65 岁以后，陆续被诊断出糖尿病、高血压和冠心病，心脏还植入了四个支架。

到了 2020 年，他又不幸患上了肺癌，最终离开了我们。

坚实而温暖的爱

父亲一直以我为傲。

初中毕业时，我以全校第一名的优异成绩考上了重点高中。记得那天，父亲拿着录取通知书回家，满脸自豪地向妈妈宣布了这个好消息，他的同事们也都知道了。第二天，他便兴高采烈地宴请了街坊邻居，与大家分享这份喜悦。

两年后的高二时期，我提前与高三的学生一起参加了高考，并顺利考入了本科大学。父亲得知这个消息后，更是欣喜若狂，他把我从青岛护送到了天津。到了宿舍，他帮我整理被褥，购买各种洗漱用品。等一切安顿好之后，他甚至没有吃晚饭就匆匆赶回青岛继续工作。也许，我也是在帮父亲悄悄实现他心中那个遥远而未能实现的大学梦想吧。

大学四年里，每年的寒暑假，父亲都会数着日子盼望着我回家。每次开学前，除了学费以外，他总会再多给我一些钱，鼓励我在节假日时和同学们结伴一起外出旅游，拓宽视野，增长见识。

在那个年代，作为国有企业的双职工父母，供养着三个子女，是非常不容易的。我内心深处非常清楚，这一切支出都是父母省吃俭用攒下来的。父亲去世后的几天，我在家里帮助妈妈整理父亲的遗物，竟然发现了很多新衣服，有些甚至连包装都没有拆开，吊牌都还在。这些都是我们姐弟三人给他买的，但他习惯了节俭，一直不舍得穿，总是穿着那些已经穿了很多年的旧衣服。

大学毕业后，父亲悄悄为我铺路，在青岛为我找到了一份令人羡慕的好工作。然而，我怀揣着一腔热血，坚持要进入自己面试应聘成功的外资企业。父亲一如既往地支持我，随后向朋友解释并婉拒了那份原本为我安排的好工作。在他心中，女儿实现自我价值的重要性显然胜过了一份安逸的工作。虽然我从未问过他的想法，他也从来不会过多解释。

在大学期间，我谈了男朋友，他来自农村家庭。起初，父亲并不乐意，听妹妹说，他为此郁闷了很久。但是，毕业后，我坚决选择嫁给爱情。得知我的决定后，父亲为了我和未来的家庭，利用空闲时间亲自上门拜访了我未来的公婆。

看到未婚夫在农村家中的贫困状况，父亲虽然一声没吭，但默默地为我们的婚礼做了大量的准备工作。他周全地考虑了所有的事情，从婚车、礼品到未来家中所需的家电用品，他都一一准备齐全。也许，作为第一个要离开家庭远走高飞的孩子，父亲的心中充满了不适和不舍。但是，他也明白，女儿最终需要拥有自己的生活。

我自己创业以后，父亲也一直在背后默默地关注和支持我。每次回家，他都会关心地询问公司的近况和发展，同时也会装作轻描淡写地说一句："有问题就告诉我啊。"

记得有一次，我去瑞士出差，参加合资公司的董事会。回程时，在瑞士机场，我顺便为他挑选了一款瑞士手表作为礼物。他收到后开心得像个孩子，说自己一生中从未戴过如此名贵的手表。从那以后，父亲总是把这款手表戴在手上，每当有人问起，他总是非常自豪地讲述它的来历。

即使到了生命的最后关头，父亲也一直忍着痛苦，咬牙坚持着，不肯让我经常回来照顾他。他怕影响我的工作，也心疼我从上海飞来飞去太辛苦。

父爱如山，他用自己的一生完美地诠释了这句话。我们作为儿女，总是在事后才慢慢体会到这份深情的厚重，但遗憾的是，往往当我们想要回报这份爱时，却发现"子欲养而亲不待"。

我的觉察和思考

在父亲的遗体缓缓被推入火化炉的那一刻，我目睹了他崭新的衣物在高温下开始冒烟，看到他平静安详地躺在那个巨大的抽屉里，直至完全被推入，再也看不见。那一刻，我心如刀割，人生中第一次歇斯底里地痛哭起来。在锥心刺骨的疼痛中，我深刻体会到了生死离别的沉重。

父亲的离世，让我充满了内疚，痛感自己亏欠他太多。在他生命的最后一段时间里，我未能一直陪伴在床前。最后关头的匆忙见面，也让我在父亲走后一直无法原谅自己。在妈妈家，每晚睡前我都会流泪不止。

没有想到的是，第三天早上，妹妹回到妈妈家，说自己梦见父亲了。在梦里，父亲说："让你姐姐不要内疚了，我已经原谅她啦。"这一刻，**我深刻体会到了父爱的无私、伟大、厚重和温暖，这是真正的幸福！**

我所能做的，就是把这份无私宽厚的爱传播出去，让更多的人感受到。我要带着这份无私的爱，在后续的人生中更好地工作和生活，用自己的实际行动来支持和纪念父亲，让他在另一个世界能够安然享受美好！

02 共同探索生命意义的人生伴侣

2021 年 6 月 13 日,我应好朋友 Sindy 的邀请,与丈夫纪先生一同趁着端午节假期前往了福建霞浦县。

霞浦,被誉为中国最美的拍照地之一,每一处景色都宛如画家的精心杰作。夕阳西下时,那霞光万丈的美景仿佛是大自然赠予我们的一份厚礼;波光粼粼的海面与云影交织的天空更是美得令人心醉神迷;远处的点点帆船与含黛的远山相映成趣,构成了一幅幅动人的画卷。

然而,这些在游客眼中惊为仙境的美景,在当地人心中却只是再平凡不过的日常。正如那些被别人羡慕的神仙眷侣,他们眼中的婚姻生活也许只是普普通通的日常,甚至有时候也会充满琐碎与挑战。

▌婚姻是一场修行

我和纪先生既是自幼相识的高中同学,也是意外重逢的大学校友。自 1995 年 5 月结为连理至今,我们携手共度了近三十载春秋。

年轻时,我纯真无邪,一心只想嫁给爱情。我们的婚姻,没有豪华的仪式,没有浪漫的蜜月旅行,仅有的 1 500 元便是我们共同的财产,甚至在婚后多年,我们都没有为彼此准备过一份生日礼物。

诚然,这是我心甘情愿的选择。尽管条件简陋,但这并未对我们的婚姻造成丝毫影响,也丝毫不妨碍纪先生成为我此生最契合的人生伴侣,成为我生命中不可或缺的一部分。尽管我们也有过争吵和不满，但这就是我眼中的婚姻生活：细水长流、平平淡淡、忧喜交织。我坚信，一切都是最好的安排。此生能够相遇并结合，便是缘分，便是我们今生今世共同修行的约定。

在这个世上，有两种爱最为强大而温暖：一种是来自原生家庭，父母那无条件的爱；另一种，则是夫妻间那份深沉的信任、细腻的呵护和坚定的支持。

创业首日，我站在镜子前细心打扮，准备迎接工作上的新挑战。纪先生站在我身后，轻声细语地说："你就放心大胆地去闯吧，如果创业失败了，没关系，回家我养你。"这句话犹如一剂强心针，为我注入了无限的勇气和力量，让我变得更加坚定和自信；它也像一缕温暖的阳光，瞬间照亮了我内心的每一个角落，让我感受到了相濡以沫、永不言弃的深情厚谊。正是这份爱，陪伴着我度过了创业路上的重重困难和艰难险阻。

纪先生的温柔善良和细腻心思，常常让我感动不已。在创业初期，他给了我一条宝贵的建议："要善待你的员工。"这句话，我一直铭记在心，即使在公司最艰难的时刻，我也始终不忘设身处地考虑员工的利益和感受。或许并不是所有人都认同我的做法，但这是纪先生教给我的重要一课，也是我愿意坚守的承诺。在我加班和出差的时候，纪先生从未抱怨过，而是默默地给予我支持和鼓励。

配偶，既可以是生活和事业的助推器，也可能成为阻碍，这主要取决于我们如何面对婚姻生活。作为妻子，我一直坚守一个原则：先为自己而活，保持内心的丰富和完整；然后再为配偶和孩子而活，共同体验丰富多彩的人生。如果一个女人在婚姻中失去了自我，就容易变成讨好者或顺从者，那么婚姻中的平等关系就只是一句空话。因此，我始终坚持做好自己，在自己的世界里保持独立自主，在他人的世界里则顺其自然。

和纪先生在一起的悠闲时光

在对待另一半的问题上,我始终遵循老子的经典智慧——"无为而治"。在过去的近三十年时光里,我努力做好自己,同时也给予对方足够的空间和自由。我清醒地认识到,我无法改变任何人,除非他们自己觉醒并愿意改变。我深信,"你变了,这个世界就变了"。

在长达数十年的婚姻旅程中,仅仅依靠爱情来保鲜是远远不够的。因为岁月无情,再浓烈的爱意也难以抵挡时间的侵蚀。我们更需要的是彼此间深沉而持久的真诚与珍惜。除此之外,共同的爱好和事业也是维系婚姻的重要纽带,它们让我们的关系更加紧密,共同经历风雨,共同成长。

共同坚持非洲的农产品事业

纪先生的智慧,不仅体现在日常生活的细微之处,而且在战略思考上展现出了巨大的价值,尤其是在我二次创业面临重重困难的时期。

在2020~2022年的特殊时期,我在非洲的投资项目遭受了重创,同时,国内的线上业务在坚持了两年后也不得不转为线下的大宗原材料贸易。非洲的新鲜牛油果项目，经过我们长达三年的不懈努力终于实现了进口，却不幸在2023年遭遇了市场的激烈竞争和价格倒挂，导致出现严重的亏损。

在那段艰难的日子里，我内心充满了无奈和挣扎，常常在夜深人静的时候反思，是应该继续前行还是选择放弃回到起点。在这个关键时刻，纪先生劝我坚持下去。他坚信农业事业是需要长期投入的，而且是非常有意义的事情。他深知我们为此投入了多少资金，甚至背负了不少债务，但他愿意和我并肩作战，共同面对所有的困难和挑战。即使在我们不得不抵押房产以获得银行贷款的艰难时刻，他依然鼓励我坚持下去。他坚定的信心和乐观的精神感染并激励着我，让我相信总有一天我们的努力会开花结果。

2022年，纪先生开始接手农业板块，将目光投向辣椒，希望能把非洲的干辣椒进口到中国。他开玩笑说：“你是'非洲女王'，我自己要做非洲的'辣椒大王'。”他开始潜心研究，并四处拜师学艺，对辣椒的了解日益加深。每当与人谈起辣椒，从种子到种植到育苗到晾晒的所有流程，他都如数家珍。他的眼睛里总是闪烁着光芒，对辣椒的热爱之心昭然若揭。

2023年，我们一同前往非洲，纪先生带上了中国的杂交辣椒种子，并找到了当地的农业大学进行试种。一到周末，他就拉着我去那个偏远的种植基地查看结果。当看到那些辣椒在非洲这片红土地上茁壮成长时，纪先生的脸上洋溢着无法掩饰的喜悦和自豪。我知道，他正全力以赴地追逐着他的"非洲辣椒大王"之梦。

然而，梦想的道路从来都不是一帆风顺的。辣椒进口中国的许可证迟迟未审批下来，这让我们经历了一段艰难前行的时光。在很长的一段时间里，我们仿佛行走在黑暗中，不知道什么时候才能迎来黎明的曙光。我们唯一能做的，就是坚守着心中那微弱但坚定的理想之光，艰难地等待。正是在这样的共同坚守过程中，我们彼此理解、彼此成长，也帮助步入中年的我们成就了更加美好的亲密关系。

是的，一段美好的亲密关系，应该是彼此成长的港湾，而非无情禁锢的牢笼。它让我们在追求梦想的路上相互扶持、共同成长，共同迎接生活的挑战和机遇。

让树成树，让花成花

每个成年人的价值观都是其成长历程中多种因素共同塑造的结果，它带着原生家庭的烙印，藏着成长过程中遇到的各种境遇，彰显着自己走过的路、读过的书、见过的人和悟到的理。

一个成年人的价值观很难被改变，我们能改变的，只有自己。因为，每个成年人的内心都守着一扇只能由内开启的观念之门。即使是自己的另一半，我们也永远不要期待能把对方"改造"成自己希望的样子。这是徒劳无功的。

我和纪先生的兴趣爱好截然不同。他喜欢安静，享受宅在家里打游戏和看电影的时光；而我则热衷于运动和交际，喜欢读书和写作，渴望探索世界的每一个角落。我们从来不强求对方为了自己而做出改变。

38岁那年，我进入中欧进行EMBA学习；45岁那年，我继续在上海高级金融学院的EMBA深造。因此，我有很多同学，日常社交活动也很丰富。我时常邀请纪先生一起参加，希望他能更深入地了解我的社交圈，感受我的成长。他也开始逐渐理解我每天晨跑的坚持、每周末赛艇和骑行的热情，并且开始亲身体验，享受运动的美好。我看在眼里，乐在心里。

记得有一次，上海高级金融学院的EMBA同学们组织了一次新疆之旅，纪先生也愉快地答应一同前往。新疆的广袤与壮丽、天然且独特的异域风情，赋予了我们前所未有的人生体验。在这片辽阔的山水之间，我们的心灵得以放松和舒展。我们在那拉提草原上尽情呼喊，在赛里木湖边的蒙古包外骑马驰骋，在伊犁托乎拉苏草原那无垠的花海中尽情奔跑和拍照，每个夜晚大口吃肉、大碗喝酒，观看变身演员载歌载舞，内心那个纯真的自我一次次浮现，与当下的自己同在，绽放着生命的原始之美。这样的环境也让伴侣之间的关系得到了很好的升华。

我曾组织中欧国际工商学院的校友们一同前往非洲坦桑尼亚的塞伦盖蒂大草原，观赏动物大迁徙的壮观景象。在那片无垠的草原上，目睹成千上万动物奔跑的壮观场面，我深切感受到了人类的渺小与脆弱，同时也深刻体会到了人与自然及所有生灵之间微妙而和谐的共存关系。这次经历让我更加珍惜眼前的每一份缘分，因为它们都是如此难得和宝贵。

在生活中，我们往往过于关注不如意之事，结果只能与它们纠缠不休。不妨放宽视野，看看更广阔的世界，回想上下五千年的悠久历史，仰望宇宙的浩瀚无垠。人生短暂如白驹过隙，放下无谓的执念，怨愤自然会烟消云散。况且，很多情绪往往只是自己的一厢情愿。

学会尊重、理解和包容，让每种生命都成为它应有的样子。愿我们在与伴侣一同游山玩水的过程中回归自然，培养出更加理性的思考和宽容的心胸，共同书写属于我们的幸福篇章。

我的觉察和思考

卢梭曾言："我所爱的，是那个映射着我自身影子的女人，一个个性鲜明的女子。"或许，我们深爱的并非他人，而是内心那个理想而美好的"自我"。因此，成为最优秀的"自己"，学会"自爱"，是一切的根本与起点。唯有深切地爱自己，方能成就一个自信独立、美丽迷人且光芒四射的自己，进而有望成为伴侣心中的那抹皎洁月光。在婚姻的漫长旅程中，我们相互映照，彼此赋能，共同探寻生命的真谛。

03 成为张弛有度的智慧父母

2020 年 9 月,我的儿子踏入了美国常青藤联盟中的宾夕法尼亚大学,开始了为期两年的研究生求学之旅。转眼间,到了 2022 年 4 月,在他即将完成学业之际,就已经被华为公司上海研究院提前录用。曾经的小宝贝,如今已经展翅高飞,真是让人感到欣慰和骄傲。

▎曾经的期待:不忘初心,方得始终

2024 年 4 月,我有幸参与了 Dana 和 David 共同发起的六大健康之旅。在第二天的上午,我们体验了一个特别的环节——"行走的教练"。在西溪湿地那如诗如画的风景中,我们两两结伴,一边漫步欣赏湿地的美景,一边进行相互的教练对话。

我与一位来自知名企业的人力资源高管 Miki 互为行走教练。Miki 有一个 13 岁的可爱女儿,然而,她对女儿的教育问题感到十分焦虑和困惑。她向我倾诉,尽管女儿活泼可爱,深受周围人的喜爱,且她平时也对女儿疼爱有加,但每当谈及学习成绩或相关问题时,两人总会陷入激烈的争执。

我静静地倾听着 Miki 的倾诉,深感她内心的挣扎和无奈。于是,我决定与她分享我儿子的故事。

当我的儿子只有七个月大时,他不幸患上了脑膜炎,并在儿童医院住了一个多月。由于他年龄太小,打点滴时总是爆针,医生不得不采取了一个高风险

的措施——切开腹股沟，将针埋入最大的静脉后再进行药物注射。

在腹股沟切开手术之后，小小的他被送入 ICU 观察了一个晚上。在签完家属告知书后，我在病房里彻夜未眠。就在那个夜晚，我作出了一个决定：未来，只要儿子身体健康，能够成长为一个对社会有价值的人，作为母亲的我，就不会对他有过多的要求。

听到这里，Miki 的脸上突然露出了释然的神色，仿佛心中的重担一下子减轻了许多。她回想起自己的女儿在小时候也曾生过一场大病，那时，她的心愿也是如此简单——只希望女儿能够健康快乐。然而，随着时间的推移，生活的琐碎让她逐渐忘记了这份初心。此刻，Miki 的心中已然坚定了决心，她缓缓地说道："不忘初心，方得始终。"

我还记得，儿子在初中毕业那年暑假参加了"赢在青春夏令营"，并带领团队获得了第一名的好成绩。夏令营结束的那个晚上，我们作为父母被邀请出席结业晚宴。在温馨的灯光下，儿子站在我面前，含泪念出了老师让他们提前写好的给父母的感谢信。他提到了自己七个月大时患上的那场大病，也深深地感受到了我在其中的付出和不易。他对我表达了深深的感激之情。那一刻，我感到了前所未有的感动，原来孩子将这一切都铭记于心。我也意识到，我们不能把他们当作不谙世事的孩子，他们远比我们想象的要成熟和懂事得多。

成为三观相同的人

由于我工作的特殊性，加班和出差成了生活的常态，这使得我几乎无法每天陪伴儿子写作业或进行睡前共读。作为母亲，我唯一能为他做的，就是从小帮助他树立正确的世界观、人生观和价值观。

作为三个儿子的母亲，李秀娟教授也持有相同的观点。她的育儿经验是：

学会像鸵鸟一样，把头深深埋在土里，不过度干涉和过问孩子的事务。这种放手，实际上是对孩子的信任，相信他们能够凭借自己的能力成长为最好的自己。

我的儿子从小就展现出了很强的理性思维。无论是在超市挑选商品，还是在餐厅点餐，他总是不厌其烦地提醒我说："妈妈，我们只买对的，不买贵的。"他从小就明白价值和价格的区别，商家想要从他身上赚取所谓的"智商税"是非常困难的。

在孩子成长的过程中，我逐渐学会了做一个"放手"的妈妈，有意识地控制自己不去为他做任何的考虑和打算，尤其是在他的个人生活和职业发展方面。初中毕业时，他参加了一次为期三天的戈壁徒步活动，行李都是自己整理的。虽然可能会有丢三落四的情况，但我相信，第二次他一定能做得更好。高中一年级的暑假，他去美国参加了一个为期一个月的夏令营，我也坚持让他自己提前准备一切。

高中毕业时，我们希望他去海外读大学，但儿子却因为英文不好而坚持在国内考大学。为此，我们召开了一次家庭会议。我告诉他，自己的人生只能自己做主，我希望他能在重要的事情上学会自己做决策，并且自己承担决策后带来的结果。他最后还是坚持参加了高考，留在国内读本科。

自从上了大学，他就一改高中时的习惯，开始广泛阅读各种书籍。他对心理学特别感兴趣，大一时选修了心理学课程后，就经常和我讨论如何成为一个优秀的父母。他甚至直言不讳地指出，我在他童年时期的一些做法可能是错误的，可能会给孩子的心理健康带来问题。

面对这位大一学生的"指正"，我真是哭笑不得。我先是向他道歉，然后告诉他说："那个时候，妈妈没有太多的时间去学习心理学，也没有认真思考如何才能成为一个更合格的母亲。但是时间不能倒流，我们都无法回到过去。现在唯一能做的，就是你认真学习，将来教育好自己的孩子，不要再犯妈妈同样的错误。"儿子在大学里逐渐成长和成熟，也不再回来"指正"我和丈夫了。

大学毕业后，我曾经希望他能够去英国留学，成为一个彬彬有礼的绅士。然而，他有自己想去的学校。他自己想去美国常青藤大学读研究生，最终也如愿以偿地进入宾夕法尼亚大学攻读计算机硕士。在留学期间，我们作为父母，仅仅是提供了一些建议，支付了必要的账单。在这个过程中，他迅速成长，变得更加独立自主。

最让我感动的是，儿子给予我的安慰和力量。前面提到，我在2020年得了一场大病，再加上事业上的受挫，让我感到非常困惑和焦虑。有一天晚上，我和他在小区里散步，向他倾诉了自己的心声。我告诉他，有一位老师说我的病就像埋在身体里的定时炸弹，让我一直感到小心翼翼、提心吊胆。儿子默默地倾听着，然后轻轻地说了一句："妈妈，你不要这样子想。"

回到家以后，他回到自己的房间。大概过了半个小时，我收到了他的微信。他写道："妈妈，我觉得那位老师说的'定时炸弹'不对，这种说法会给你带来不必要的焦虑。我认为应该把它看成一个'会发脾气的伙伴'。上天在你50岁这一年给你这样一位伙伴，一定有它独特的意义。它的出现是在提醒你，人生已经过半，要开始做一些自己一直想做但没做的事情了。它还会陪伴你见证你完成每一件事情的过程，比如准备要参加的半程马拉松。同时，它也在提醒你要注意休息，不然它会'生气'；它还提醒你要活在当下，做自己，为自己而活，听从自己内心的声音。所以，公司的事情，听从自己内心的声音去做就行了，不用给自己那么大压力，也不用那么焦虑。"

他的话如同一股温暖的春风，吹散了我心中的阴霾。那一刻，我被治愈了。我突然意识到，我的儿子自带觉悟和智慧。我的内心充满了无比的感恩，我相信这是上天送给我的最珍贵的礼物。

杨三角新生代学习联盟（YOLO+）

在儿子的成长过程中，我能够保持淡定和平常心，这与杨国安教授夫妇的影响是密不可分的。记得在杨三角企业家联盟的会员们第一次去德国游学时的某个晚上，师母与我们分享了她和杨教授的育儿经验，同时也引导我们思考如何成为一个张弛有度、充满智慧的父母。

杨教授的两个孩子都非常优秀，儿子性格温和，从小就展现出一种随和的态度，似乎对一切都能泰然处之；女儿则充满斗志和竞争精神，给人留下深刻的印象。如今，两个孩子都已长大成人，儿子在伯克利大学毕业后成家立业，现在已经成为父亲；女儿在斯坦福大学医学院从事生命科学的研究和诊断工作，走上了学术之路。

最为人称道的是杨教授两个孩子的人生观和价值观。女儿在攻读双博士学位期间，热心公益，在芝加哥周末的严寒天气下，作为志愿者为当地贫苦家庭搬砖涂漆建造廉价住房，这充分展现了她强大的心理素质和服务他人的热忱。儿子，作为一名技术男，更多时间在家远程办公，这让他有更多的时间可以"子承父业"——当年，杨教授和师母在美国工作时，就经常主动帮助来自中国的留学生，帮他们寻找住处，处理日常琐事，甚至帮他们探索人生的意义等。如今，他们的儿子更是把这份爱心扩展到了亚洲，包括印度裔学生。师母曾笑称，儿子的家更像是一个亚洲留学生的聚会所。

这是一个潜移默化的过程，也是一种精神的传承，是无法用金钱衡量的宝贵财富。

正是受到杨教授和师母榜样力量的启发，在杨三角会员们的强烈建议下，他们创建了杨三角新生代学习联盟（YOLO+）。虽然这是一个面向YCA会员的公益类项目，但师母依然倾尽全力地陪伴着孩子们成长。每年，她都会带领孩子们看世界，拓宽视野和提升认知。她还从YCA里精心挑选了几位拥有丰富人生经验的创业者作为导师，给孩子们进行长期辅导和赋能，通过现身说法，用生命影响生命，进行精神的传承。同时，她还让那些已经开始创业或者参与到父母事业中的新生代孩子们结对子，手把手地做好"师带徒"，关注孩子们成长的每一个细节。此外，师母也会充分利用教授的资源，经常邀请杨教授给孩子们讲课。

经过锻炼的新生代们，当他们走进企业，与企业的高管面对面交流时，能够更好地理解父母的事业，并能站在更高的视角看待企业的未来发展，对国际化和全球化有更深刻的理解。这些都是他们的父母辈在年轻时候从未有过的经历和待遇。

师母的英文名字叫Jenny，她毕业于香港大学，后来获得了法国政府的奖学金赴法留学，进修MBA学位。她是一位学识渊博、温婉有礼的女士。孩子们都特别喜欢她，并亲切地称呼她为"Jenny妈妈"。记得有一次，儿子第一次参加YOLO+活动，回来后他对我说："妈妈，我们的Jenny妈妈比你年轻多了，也比你温柔多了。"他的直率让我反思了很久。看来，师母身上有太多的闪光点值得我认真学习。

▎我的觉察和思考

如今，成为张弛有度的智慧父母是一项既具挑战性又至关重要的课题。

首先，父母要认识到每个孩子都是独特的存在，他们拥有自己的潜力、才能和兴趣。因此，我们应该尊重孩子的个性，避免将自己的梦想和期望强加给孩子。相反，我们应该鼓励他们探索和追求自己真正热爱的事物，并坚信每个孩子生来就与众不同，都有自己的人生使命。

其次，父母需要注重培养孩子的适应能力和韧性。我们应该鼓励孩子们去尝试新事物，接受失败并从中学习，从而帮助他们建立起坚忍的心态和积极的应对策略。同时，我们也要关注孩子们的身心健康，教导他们如何照顾自己的身体和情绪，培养良好的生活习惯和心理调适能力。

另外，父母要成为孩子的榜样。身教永远大于言传，我们需要以身作则，展现出对生活的热爱以及积极向上、乐观豁达的人生态度。通过自己的良好情绪、道德品质和行为准则，我们可以更好地影响下一代。

只有这样，我们才能帮助孩子们在这个充满挑战的时代中茁壮成长，成为有智慧、责任感和幸福感的人。

04 创造家庭共同的美好回忆

人们常说:"家是最小国,国是最大家。"治理国家固然是一项艰巨的任务,但管理好这个如同"小国"一般的家,也绝非易事。我的秘诀是,以"感恩"的心态来维系家庭成员之间的关系,实现家庭的和平共处。

人生短暂,时光匆匆,我们以"家人"的名义生活在同一屋檐下,就应该给予彼此爱与支持,同时也收获来自家人的尊重与快乐。我们所追求的,不应该是家庭成员之间的相互消耗,而应该是共同创造——用爱与温暖去创造属于这个家庭共有的美好回忆。

▋一家三口的探索之旅

儿子从小就特别喜欢公司同事称呼他为"帅哥"。每次他跟我一起到公司,如果没能听到大家主动这样叫他,小小的他就会跑到我的办公室,带着一丝疑惑地问我:"妈妈,他们这次怎么没有叫我帅哥呢?"每当这个时候,我都会忍不住笑出声来。

儿子上幼儿园的时候,公司组织了一次团建,去泰山和孔庙游玩,并相约第二天一起去看日出。为了能够在凌晨4:30左右看到泰山山顶那壮丽的日出,我们需要在半夜2:00就起床。儿子对此兴奋不已,充满了期待,还殷勤地提醒我不要睡过头,以免被自己的员工笑话。

夜色还未完全褪去,我们就踏上了攀登泰山的旅程。爬到半山腰时,大家都已经疲惫不堪,年纪尚小的儿子更是如此。但他不想直接表达放弃,而是委婉地向我建议说:"妈妈,我们回到出发地等你们的同事吧?万一他们找不到来时的出发点怎么办?"这番话,让大家都乐了。

为了鼓励他继续前行,有人叫他"小帅哥",有人提议到山顶就奖励他一包方便面。在精神和物质的双重激励下,儿子竟然精神抖擞地一路跟随我们爬到了山顶,看到了那美妙绝伦的日出。自那以后,每当我们全家外出旅游时,儿子都表现出了勇敢和独立,不拖后腿。

在他上小学的那个暑假,我们全家人一起去马来西亚旅游,住在TAJ岛屿酒店,享受了一次难忘的假期。

那时候的他,正是顽皮好动的年纪,虽然聪明伶俐,但学习成绩却总是让人有些失望。我希望在这个旅程中,能让他开阔视野。于是,我提前准备了一套"大富翁"游戏玩具,想激发一下他的潜在能力。

晚上,儿子就拉着我们一起玩。他总是全身心地投入其中,每掷一次骰子都认真思考,努力探寻着其中的窍门。白天,他和爸爸一起去环岛骑行。他们父子俩一圈圈地骑行,每次经过我时,儿子都会快乐地大声呼唤:"妈妈,很好玩呢!"我想,他小小的心里一定是想激发我对骑行的兴趣,让我克服内心的恐惧,勇敢地尝试。

我们还一起出海潜水。这次,因为对深海的恐惧,纪先生选择留在船上。于是,我和儿子穿上潜水服,潜入那蔚蓝的海底世界。每当看到五彩斑斓的鱼儿时,他就会游过来拉着我的手一起过去看。潜水结束后,他告诉爸爸说:"我们看到了非常漂亮的鱼,你不去太可惜了,没有勇气就看不到很美的景色。"我看着小小的儿子,感受到他对生活的热爱,还有对家人的关心。

在儿子大一的暑假,我们一起去非洲见证动物大迁徙的壮观景象。同行的还有几个中欧国际工商学院的校友家庭。在塞伦盖蒂大草原上,我们度过了整整六天的时间。我们一起观赏角马过河，观察狮子狩猎，目睹豹子上树的英姿，看大象悠然喝水，长颈鹿优雅地进食，斑马列队回家，河马趴在河里吼叫，以及火烈鸟成群结队飞翔在湖面的美景。在这片广袤无垠的草原上，儿子不仅领略了大自然的壮美，更在动物世界中深入思考了作为人的责任和担当。

随后的四天，我们去了毛里求斯。当我用流利的英文与外国人进行交流时，他深刻体会到了外语表达的重要性。回国后，他开始苦练外语，每天坚持背诵400个单词。这是旅行带给他的额外收获。

在非洲的大草原

离开非洲的最后一晚，我们举行了一场聚餐后的分享会。胡萍同学担任主持人，邀请每个人分享本次十天非洲之行的感想。当轮到儿子分享时，他站起来深情地说："这次来到非洲，参观了妈妈的非洲公司，我才真正了解了妈妈的事业，也才深刻体会到妈妈的不易。所以，我要学会更好地爱护妈妈。"我眼含热泪站起来拥抱了儿子。这真是一份生命成长的珍贵礼物。

在儿子的成长过程中，我们还共同经历过好几次难忘的海外之旅。我们一起去了美国，参观了斯坦福大学、欣赏了尔湾的建筑、领略了优胜美地的自然风光，然后飞往迈阿密，乘坐游轮畅游加勒比海；我们一起去了德国、奥地利和瑞士，品尝了慕尼黑的啤酒、住进了茜茜公主的套房、参观了莫扎特的故居、游览了天鹅堡和月亮湖，还聆听了一场维也纳的音乐会，最后在瑞士日内瓦乘坐公共交通车游遍了城市的各个角落；我们还一起去了英国，参观了大英博物馆，游览了剑桥大学、牛津大学，还探访了丘吉尔庄园。

在这个过程中，我更加深入地了解了儿子，看到了他除了学习成绩以外的闪光点，见证了他一次次的成长。儿子也看到了我们在日常生活之外的另一面，并逐渐理解了我们。

前面，我提到自从 2020 年起，我深深地爱上了运动，并体验到了运动带给我的无尽益处。2021 年，我学会了攀岩。我也开始鼓励不喜欢运动的纪先生和儿子多参与运动，因为这是健康人生必不可少的环节，是值得我们每个人用一生去养成的习惯。纪先生虽然恐高，但在攀岩过程中他开始勇敢地尝试，时常面临心理挑战；而儿子则表现出了惊人的毅力和勇气，总是能轻松地攀至顶峰。

攀岩是一项极其棒的挑战体验。当我们攀至高处，离地十几米，胳膊和腿都酸痛无比时，我们是否能有足够的勇气和毅力去突破自己的极限，再次奋力向上跃起？每一次突破极限后攀至最高处时，那种无法言说的喜悦，是外人根本无法体会到的。

学习新技能，无论到什么年纪都不晚。挑战不可能，可以让我们保持青春的活力，勇敢地站上人生的另一座运动高峰。

陪伴父母公婆的爱心之旅

无论是与自己的父母还是与另一半的父母相处，我们都应该遵循"和而不同"的原则。他们生活的年代与我们不同，成长经历和所接受的教育也存在差异，但这并不妨碍他们用自己的方式爱着我们、关心着我们，成为这个世界上与我们关系最为密切的人。

多年来，我的婆婆一直是我家庭中的坚实后盾，她为照顾我的儿子倾注了无数的心血和汗水。公公并未与我们同住，而是选择独自一人留在农村老家，享受那里的宁静和自由。这样的安排，时常让我感到愧疚。但作为一个职场女性，尤其是创业女性，我也是身不由己。

我特别感激我的妯娌，她是一个非常通情达理的人。她的儿子比我的儿子小半岁。她深知我事业上的忙碌和压力，所以我儿子出生后都是她帮忙一手带大的。然而，由于侄子从小与奶奶相处的时间较少，他常常会对我儿子说："那是你的奶奶，不是我的奶奶。"每当听到这样的话，我的内心总是五味杂陈。

由于工作的需要，我经常需要出差海外。每次出差回来，我都会精心为婆婆挑选一些来自全球各地的礼物，无论大小，都是一份心意。有时候，婆婆会对我儿子表达对礼物的不满，我知道后也会暗自神伤。但后来，我慢慢学会了如何化解这种对立情绪，学会了理解她的审美以及对礼物的解读。不认同并不等于不爱，不喜欢礼物也不等于不喜欢这个人。

在与家人的相处中，我逐渐明白了一个道理：不要试图和父母争论对错，尤其是公婆。因为这样的争论没有意义，而且永远没有尽头。相反，人与人之间的关系因为彼此的差异而变得更有趣。我们通过不同的人和事件看到不同的行为和反应，从而体验到丰富多彩的人生。

每年春节，我们一家人都会回到公婆的农村老家，共同度过一个温馨而热闹的春节。作为儿媳妇，我会承担起更多责任，尽我所能地做好家务，比如拖地、洗菜、做饭、刷碗、打扫卫生和贴春联等，从不抱怨。北方的春节非常寒冷，而库房和厕所都在院子里，每次进出时面对刺骨的寒风都是一种考验。

爱是对等的，我们付出的每一分努力，都会换来家人的理解和支持。拥有一颗感恩的心，让我变得更加善解人意，不再计较得失。我更多地思考着如何为家人带来更多的快乐和幸福，以及应该如何去弥补和付出。

2021年5月，我利用假期带着儿子、公公、婆婆与111群里的伙伴们一起去苏州太湖和陆巷古村游玩。我们住在别具特色的古宅里，品尝了当地的特色菜，还在陆巷古村里喝茶听戏。两位老人非常开心，脸上洋溢着幸福的笑容。而我，被同行的小伙伴们狠狠表扬了一番，他们为我的孝顺和细心而感动。但我却深感惭愧，觉得自己做得还不够。

2021年7月，正值中国共产党成立100周年，我特地安排了一次夜游黄浦江的活动，陪伴公公、婆婆和保姆一起观看黄浦江两岸绚烂多彩的灯光秀。婆婆的脸上洋溢着难以抑制的兴奋，她拉着我给她和保姆合影。我看着她在霓虹灯下的笑脸，不禁反思自己平日里为他们做得太少了，以后应该多创造这样的机会，让老人更加幸福和快乐，这是我们作为子女的责任。

随着公婆的年纪越来越大，他们的腿脚也不再如从前般矫健。出于对他们身体健康的考虑，我就不再邀请他们来上海家中居住。所以，每当他们的生日时，我都会尽量调整工作安排赶回青岛。我们带着鲜花和蛋糕，邀请家族的大人小孩一起到当地的酒店，为他们举办一场热热闹闹的生日宴。村里的邻居们纷纷表示羡慕，公婆也会满脸自豪地享受着这份特殊的荣耀。

我和父母的相处也大致如此，但又有些微的不同。父母是深知我的性格，懂得我的脾气，并包容我的缺点。所以，偶尔我也会任性，甚至发发小脾气。

看着父母一天天老去，我心里很是痛惜，决定尽量带着他们去看看外面的世界。但考虑到他们的体力状况，无法前往遥远的欧洲和美国，于是，我决定带他们去附近的东南亚国家游玩。

有一次，我和中欧国际工商学院的校友们去日本熊野古道徒步，行程结束后回到大阪。我就让弟弟从青岛带父母飞到大阪与我们会合，然后再一起去附近几个城市游玩。他们抵达的当晚，正好赶上艺伎表演。观看表演后，我们一起去品尝了有名的怀石料理。对于怀石料理，我早有耳闻，但一直没有机会品尝。这次趁着陪伴父母的机会，我终于得以一品其美味。一道又一道精致的料理，虽然分量不多，但是味道好极了。最后，大家都吃得心满意足。

在离开日本前的那一晚，同学一家邀请我们一起去品尝和牛。由于妈妈旅途劳累，就留在酒店休息。父亲吃得非常开心，脸上洋溢着幸福的笑容。我也感到无比开心。后来，我还带他们去奈良看糜鹿，去京都参观寺庙。（父亲走了，现在想起这些场景，我还是会流下眼泪。）

父母深知我创业的艰辛，不想胡乱花钱，所以总是爱问花了多少钱，但我觉得这样的消费是值得的。他们的一生，和我们这一代完全不同，他们总是过着节俭的生活，默默地为子女付出，却从来不会奢侈地享受生活的美好，即使是一顿美食。

▌我的觉察和思考

在日常的家庭生活中，我们需要时刻保持一份觉知，认真觉察自己的一言一行以及所思所想。当出现摩擦或者问题时，我们应该反求诸己，扪心自问："我们的家庭气氛正常吗？我自己做了些什么努力来改善？"

作为父母，我们要有清晰的意识，这样才能更好地影响和引导孩子。无论是思想、语言、行为还是交流，我们都要尽可能做到清晰明了。

作为成年子女，我们的意识也必须更加清晰，这样才能更好地与父母进行交流。父母的生活习惯和爱的表达方式也许和我们有所不同，但是我们应该学会理解和接纳，而不是指责和生气。因为家是一个讲爱而不是讲理的地方。

请记得，在家庭中，我们每个人都应当成为那个积极主动的角色。我们要主动表达爱意，主动付出关怀，主动展现柔弱的一面，主动化解存在的对立情绪。请坚信，我们每个人都拥有让自己生活在一个充满爱与温暖的家庭中的能力。

小指南

在生活中找到平衡与满足，培养和增强我们的幸福力，让内心充盈和满足，从而获得滋养生命的幸福。这不仅是一场内在的修行，也是一场温柔以待外在世界的旅程。以下是能让生活更美好的关键要点：

1. **珍视家庭的爱与支持**：家庭是温馨的港湾，珍视家庭成员之间的爱，无论是父母对子女的关爱，还是夫妻间的相互扶持，都是幸福感的重要来源。记得多和家人聊聊天，关心他们，让他们知道你在乎他们。

2. **培养感恩的心态**：无论是对家人的感激，还是对生活中美好事物的欣赏，都能让我们在平凡生活中发现美好，增强内心的满足感。比如，感谢家人做的美味晚餐，感谢朋友在你需要时的陪伴。这种感恩的心态会让我们更加珍惜现在，更加有幸福感。

3. **追求个人成长和自我实现**：通过不断学习和挑战自我，可以让生活更加有趣而充实。无论是学习一门新技能，还是完成一个多年来的心愿。每一次的突破与成长，都是对生命深度的挖掘与拓宽。

4. **创造和享受生活中的简单快乐**：与家人一起来场旅行、一起看场电影、一起动手做顿大餐、一起体验新事物，生活中的小美好都能够给生命带来深远的幸福感。所以，我们需要有一双发现美好的慧眼，随时创造可以滋养生命的美好回忆。

5. **主动表达爱和关怀**：爱，需要表达，更需要传递。一句温馨的问候，一个拥抱的温暖，都能增进彼此间的情感交流。当我们主动向家人、朋友乃至这个世界表达爱与关怀时，不仅能够收获双倍的幸福，还能让这份幸福如同涟漪般扩散开来，温暖每一个角落，滋养每一个生命。